AI時代の
新・ベーシックインカム論

井上智洋

光文社新書

はじめに

私は裕福な家庭で育ったわけではなく、学生の時には昼ご飯として非常用の乾パンを食べていたくらいにお金がなかった。にもかかわらず、お金を稼ぐために労力を費やすという気がそれほど起こらなかった。

お金が嫌いなわけではないのだが、楽しい活動をしたついでにもらいたいというくらいの意識しか持ち合わせていなかったのである。我ながら世の中をなめ切っていて、今となっては反省することしきりだ。

そんな調子だから、就職活動からして、応募した二社のうち、一つは書類選考で、もう一つは一次面接で落とされて、それきり嫌になってやめてしまった。

しょうがないんでバイト先の会社の社長に泣きついて正社員にしてもらったけれど、申し訳ないことにその会社も3年弱で退職してしまった。会社員には向いていなかったのである。

そんな私にもちょっとした救いがあって、勉強が嫌いではなかったので大学院に入り直して経済学を学び、なんとか大学教員になることができた。

大学院に入っても出られるかどうか分からないし、大学院を出て博士号を取得しても大学教員になれないことは多々ある。だから、自分はラッキーだったとしかいいようがない。

だが、それよりもなによりも、お金儲けの意欲が乏しい代わりに、勉強意欲をかろうじて持ち合わせていたということが最大のラッキーだ。それすらもなければ、私は今頃ニートになっていたかもしれない。

そう考えると、今、私がニートやホームレスではなく大学教員でいられるのは、究極的なところ偶然に過ぎない。そして、私だけでなく、今順調な人生を歩んでいるという人は、等し並みに運が良いのではないだろうか。

努力したとしても、成功するか否かは運で決まるということを強調したいわけではない。それよりも重要なのは、「努力する能力」を授かったこと自体が運の賜物だということだ。

ただし、全てが運だからといって、お金儲けにいそしんだ人がたくさんの所得を得ることを私は否定しない。全ての人の所得を等しくしたら、経済は立ちいかなくなるだろう。

私にはないお金儲けの才能を持った人を私は尊敬するし、そうした人が豪邸に住んだり高級車を乗り回したりするのも結構なことだと思っている。その一方で、誰もが最低限の暮らしを営めるような社会であってほしいとも願っている。

人は、病気や障害、高齢、失業など様々な理由で貧困に陥る。純粋に労働意欲がなく怠けているというケースも中にはあるかもしれない。

だが、勉強意欲や労働意欲がないことも、広い意味でハンディキャップといえないだろうか？　そうした人たちにも、生きる権利があってしかるべきではないだろうか？　生まれる前にまで遡行《そこう》すれば、自分がホームレスになる人生を歩んでいたという可能性を私は全く否定できなくなる。その可能性に想いを馳せた時、「健康で文化的な最低限度の生活を営む権利」が保障された社会であってほしいと願わずにはおれない。

生活保護は、まさにそのための制度のはずだが、実際にはそうした高邁な理想を実現する制度にはなっていない。日本では、生活保護基準以下の収入しかない世帯のうち、給付を受けていない世帯が8割だといわれている。

貧困層の生活は、生活保護の受給を受けられるかどうかで、天国と地獄ほどの開きが生じてしまう。つまり、8割の世帯が地獄のような生活を強《し》いられているわけだ。だから、現在の生活保護を拡充して、残り8割の人も給付を受けられるようにしようという改善案がさしあたり考えられる。しかし、それで本当に貧しい人々が漏れなく受給できるようになるのか、はなはだ疑わしい。

それだったらいっそのこと、全ての国民にお金を給付して、その分お金持ちの人たちから余計に税金をとったらどうだろうかという考えも浮かんでくる。

このような制度を「ベーシックインカム」（ＢＩ）という。収入の水準に拠《よ》らずに全ての人々に無条件に、最低限の生活を送るのに必要なお金を一律に給付する制度だ。例えば、毎月７万円のお金が老若男女を問わず国民全員に給付される。世帯毎《ごと》ではなく個人を単位として給付されるというのも重要な特徴だ。

毎月７万円の場合、３人家族だったら21万円、４人家族だったら28万円の給付が受けられるようになる。それにプラスして、月15万円くらい稼ぐことができたら、暮らしていくには十分だろう。

重い病気や障害などのハンディキャップを負っている人に対しては、別途給付が必要だろうが、それ以外のあらゆる貧困にはＢＩで対処できるはずだ。

全く労働意欲がなく７万円のみで暮らしたいという独身者の場合、都市部であってもルームシェアをすれば暮らせるし、地方に行けば一人暮らしを営むこともできる。

なによりＢＩが優れているのは、全ての貧しい人を余すことなく救済できることだ。食いっぱぐれる心配が要らなくなれば、貧困に直面している人々の暮らしはもっと明るく健康的なものとなるだろう。おまけに、生活保護と違って働いた分だけ給付額を減らされるということもないので、労働意欲を削がれることはない。ＢＩは、「貧困の罠」から抜け出しにくいという生活保護の欠点を克服した制度となっているのである。

ＢＩを夢物語のように思う人も多いかもしれない。しかし、フィンランドでは政権与党が導入に向けての準備を進めているし、インドでは２０２０年までに一つか二つの州で導入する予定である。イランでは石油から得られる公的収益が国民に分配されており、既にそれだけで最低限の生活が送れるようになっている。にもかかわらず、イランの人々の労働意欲はほとんど低下していない。

現在、世界ではＢＩに関する議論がかつてないほど盛り上がっている。その背景には、人工知能（ＡＩ）やロボットが多くの人々の雇用を奪うようになるのではないかという予想がある。

日本でもこうした議論がなされるようになってきたので、いずれＢＩが導入されるだろうと私は楽観的に考えている。だが、できる限り早くＢＩを導入するには、この制度を多くの人々に知ってもらう必要がある。本書は、まずはそのために書かれている。

ただ、既にBIについての良書が幾つか出版されているので、本書ではBIという制度を単に紹介するだけでなく、BIと貨幣制度やAIとの関わりについて、私独自の視点で論じていきたい。

なお、本書の内容は一部、既に出版されている拙著『人工知能と経済の未来』と『ヘリコプター・マネー』と重なっていることを最初にお断りしておきたい。

本書の第1章では、BIに関する基礎的な知識について紹介し、第2章では、BIの財源と具体的な制度について論じる。BIには、常に財源の問題が付きまとっている。この問題の解消を図るとともに、具体的な制度として、固定BIと変動BIからなる「二階建てBI」を提案したい。

第3章では、貨幣制度について議論する。私は、貨幣制度の変革がいずれ必要だと思っているが、これはBIの導入に不可欠なわけではない。しかし、貨幣制度の変革は、より平等でより豊かなBI制度を可能にするだろう。

第4章では、今後AIの急速な進歩が失業や貧困を増大させる可能性について論じ、そうした問題の対処のためにＢＩが必要になるということを主張する。

第5章では、様々な政治経済思想について論じ、その中にＢＩを位置付ける。怠け者にもＢＩを給付することが、どうして正しいといえるのか。そもそも怠けることは悪いことなのか。私たち日本人が常識として持つ勤労道徳は、普遍的な価値を持つ規範なのか。そういった問題についても掘り下げていきたい。

ＡＩ時代の新・ベーシックインカム論　目次

第3章　貨幣制度改革とベーシックインカム

第1章

ベーシックインカム入門

わが首都がそれ自体の重みでよろめくことがないように
（ロレンス・スターン『トリストラム・シャンディ』[*1]）

1・1　ベーシックインカムとは何か?

地域再生はそもそもが負け戦

私が専門に研究している「マクロ経済学」は、デフレ不況や失業の要因を探ったり、一国のGDPがどのように決定されるのかを分析したりするような経済学の分野である。

マクロ経済学は経済学部の学生にすらあまり人気がなく、ゼミのテーマをマクロ経済学にすると、学生が集まりにくい。数学的に難しいうえに、学生には景気の動向などが身近に感じられず、とっつきにくいからであろう。

そこで、私のゼミでは「経済問題と経済政策」というかなり包括的な、つまり何でもありの節操のないテーマを掲げている。

ゼミ生には自由に経済問題を選んで、その解決方法について考えてもらっている。人気があるのは、雇用問題や所得格差、そして地域再生だ。

学生のプレゼンテーションを聴く度に思うことだが、地域再生というのは何とも苦しい戦いだ。地方から、東京のような所得の高い都市部への人の流れが止まらないからだ。

東京都の平均年収は６００万円程で全国トップであり、全国平均の４２０万円とはかなりの開きがある。なぜ都市部では所得が高くなるのか。それについては明白な理由がある。

今や、新しい技術やアイディア、ビジネスモデルなどがお金になる時代だ。私はそんな経済を「頭脳資本主義」と呼んでいる。元々は、神戸大学の松田卓也名誉教授が作った言葉だ。この頭脳資本主義の下では、「集積のメリット」が生じる。つまり、頭脳を持った人々が集まって交流した方が新しいアイディアなどが生まれやすくなる。

その極端な例がシリコンバレーだ。ＩＴ企業だったら遠隔地にいてもネットを介して仕事のやり取りができそうなものだが、それにもかかわらず、こうしたＩＴ企業こそがわざわざ賃料の高いシリコンバレーに居を構えているのはどうしてか？

それは、似たような志を持った起業家どうしが、ワインパーティーやＢＢＱなどを通じて情報を密に交換することによって、新しいビジネスのアイディアが生まれてくるからだ。

シリコンバレーほど高密度ではないかもしれないが、東京でも絶えずこのような情報交換が行われており、集積のメリットが発生している。それゆえに東京は高所得の地域となり、それを求めてまた地方から東京へ人が集まってきて、集積度が増していくという好循環が起きている。

地方ではその逆に、人が少ないために集積のメリットが得られず、それゆえに所得が伸びず、ますます人は都市部へ向かってしまう。

もちろん、地方にも観光資源に恵まれているところもあれば、名産品があって所得が高い地域もある。そういう地域は大いに町おこしをすればいいし、実際できるだろう。

だが、特に何のウリもない地域はどうすれば良いのか？「どんな地域にもウリはあるはずだ」などという綺麗ごとをいっても何の解決にもならないだろう。ウリがあるからといっても稼ぎに繋がるとは限らないし、ウリが弱ければ、ウリの強い地域の陰に隠れてしまって相対的に稼ぎが少なくなることは避けられないからだ。

いずれにしても、地方から都市部への人の流れが止まらない限り、多くの場合、地域再生というものは、負け戦をいかによりましに戦い抜くかということにしかならない。

こうした人の流れを逆転する方法が、少なくとも二つある。一つは「ヴァーチャル・リアリティー」（ＶＲ）が高度に発達することであり、もう一つは「ベーシックインカム」を導入することだ。

離れたところにいる人々が、ＶＲを通じてワインパーティーやＢＢＱに参加して現実とほとんど変わらない体験ができるのであれば、都市部にいなくても先端的な情報にアクセスすることができる。

では、もう一方の「ベーシックインカム」とは何だろうか？

ベーシックインカムは子供手当＋大人手当

「ベーシックインカム」(Basic Income, BI) は、収入の水準に拠らずに全ての人々に無条件に、最低限の生活を送るのに必要なお金を一律に給付する制度だ。一般には、地域再生のためのものではなく、貧困者を救済するための制度として考えられている。

私はしばしば、ＢＩを「子ども手当＋大人手当、つまりみんな手当」と表現している。例えば、毎月７万円のお金が老若男女を問わず国民全員に給付される。世帯毎ではなく個人を単位として給付されるというのも重要な特徴だ。

ＢＩは社会保障制度の一種だが、この言葉は公的な収益の分配、つまり「国民配当」という意味でも使われることがある。例えばイランやアメリカのアラスカ州などでは、政府が石油などの天然資源から得た収益を国民に分配しており、これもＢＩ的な制度として位置付けられる。

「ＢＩ的」といったのは、特にアラスカの場合、その給付額は年に数十万円であり、最低限の生活を送るのに必要な額には達していないからだ。一方イランの場合、給付額は年約１８０万円であり、最低限の生活の保障を目的にしているわけではないが、これは事実上のＢＩということができる。最低限の生活が保障される給付がなされて、初めてその制度は「完全なＢＩ」と呼ぶことができる。

日本で仮に、一人月７万円の支給がなされるとしたらどうだろうか？　月７万円で生活できるわけがないと憤《いきどお》る人もいるかもしれないが、東京などの都市部は難しくても、地方だったら場所によっては可能だ。例えば奄美大島では、月５０００円で一軒家が借りられるケースもある。

一人７万円であれば、３人家族の場合21万円、４人家族の場合28万円の世帯収入になる。他に収入がなくても、家族で住んだりルームシェアをするのであれば、都市部でも生活が営めるはずだ。あるいは、給付される７万円にプラスして、さらに10万円程度のバイトでの実入りがあれば、どんな地域でも十分一人暮らしが営めるだろう。

給付額を幾らにするかということは度々議論になっており、日本では一人５～15万円と論者によってかなり開きがある。給付額が少ないと最低限の生活すら営めなくなるし、逆に給付額が多過ぎると労働意欲を失ったり、インフレが進んだりするものと予想される。

私が仮に7万円と設定するのは、その額だったらなんとか最低限の生活を営めるとともに、多くの人々が仕事を辞めることがないような額だと考えているからだ。

メリット

ＢＩはヨーロッパでは18世紀から唱《とな》えられている古いアイディアであるものの、主要国では今のところ導入されたことがない。だが、ＢＩを導入しようとする運動が近年、特にヨーロッパ諸国を中心に高まっている。

ＢＩを導入することには様々なメリットがあり、ＢＩが近年の先進国における格差の拡大や貧困の増大を改善する手段として期待されるようになったからだ。メリットとして何よりも、誰もが食いっぱぐれることなく、安心して暮らせるようになることは大きい。

生活保護があるから貧困に陥っても安心して暮らせるなどと思っている日本人は少ないだろう。生活保護は最低限の生活の保障を謳《うた》っているものの、穴だらけのセーフティーネットであり、受給資格のあるはずの人の2割程度しか受給できていない。

最低限の生活すら保障されていないこうした状況では、単に生活が困窮すること以外にも、「ブラック企業に入っても辞められない」「病気を患《わずら》っていても働き続けなければならない」

「暴力を振るう夫と離婚することができない」「十分な期間育休をとることができない」といった様々な問題が発生する。

ＢＩのある社会では、これらの問題をある程度解消することができる。実際に、１９７４年カナダのドーフィンという町で行われたＢＩに関する実験では、ＤＶが減少し、育休期間が長くなることが確かめられている。そればかりか、「住民のメンタルヘルスが改善される」「交通事故が減少する」「病気や怪我による入院の期間が大幅に減少する」「学生の学業成績が向上する」といった思わぬ効果も現れた。恐らく、ＢＩによって時間や気持ちにゆとりができることが、あらゆる方面にわたって望ましい波及効果をもたらしているのだろう。

短期的な実験では計れないが、少子化を改善する効果も期待できる。大人だけではなく子供にも全員に７万円といったお金が給付されるわけだから、子沢山の家庭はそれだけで裕福になり得る。今の社会では、相手の収入を考慮して結婚を決める女性は少なくない。だが、ＢＩのある社会では、たとえ相手の収入が少なくても結婚して子供を生み育てることが可能なのだ。

そして、全国どこの住人に対しても７万円といった一律の給付がなされるならば、がむしゃらに働いてお金持ちになろうという気がない人は、地方に住んだ方が豊かな暮らしが営めることになる。

都市部は生活費が高いから、都市部でのＢＩの給付額を増やすべきだという論者もいる。だが、同じ額にした方が、地方から都市部への人の流れが抑制できるという意味で私は望ましいと思っている。そうでもしなければ、地域再生は多くの場合、解決できない問題に頭を悩ますだけで終わってしまうだろう。

東京に一極集中することの利点もないわけではない。それだけ大きな集積のメリットが得られるからだ。だが、首都圏の交通機関はパンク寸前だし、何より北朝鮮から東京へ核ミサイルが一発撃ち込まれただけで多くの人命が失われるうえに、日本経済が崩壊する危険性もある。

地方のためだけでなく、東京などの大都市のため、そして日本全体のためにも、全国一律給付のＢＩによって人の流れを逆転させて、一極集中を緩和する必要がある。

他に大きなメリットとして、ＢＩは人を真の意味で自由にするという点が挙げられる。もちろん今でも、職業選択の自由や居住の自由などが保障され、国家によって制限を課されることが少ない社会に私たちは住んでいる。

ところが、稼ぐために働かなければならないという現実的な制約のために、売れなくてもミュージシャンを続ける、絵を描き続ける、小説を書き続けるといった自由は実質的にはないに等しい。

ＢＩのある社会は、やりたいことを追求し続ける自由が実質的にも存在する社会となる。とはいえ、国民全員が芸術家を目指したら経済が立ちゆかなくなることは容易に想像できるだろう。

実際には、７万円程度の給付で会社を辞める人は多くない。なにしろ、大卒初任給の手取りが平均で17万円ほどで、その金額に多くの若者が不満を感じているのが現状だからだ。したがって、ＢＩの給付額が７万円程度であれば、お金になるかどうか分からないような創作活動に打ち込む人が今よりも増えるという程度に留まる。

だが、今後経済成長に合わせて給付額を増やしていけるとするならば、実質的な自由は拡充していくことになる。それにつれてこの社会は、みなが朝から晩まで嫌々ながら労働する陰鬱な社会から、文化がふつふつと沸騰する晴れやかな社会へと転換していくことだろう。

デメリットと誤解

先ほど触れたように、ＢＩのデメリットして最も頻繁に挙げられるのは、労働意欲の低下だ。労働しなくても最低限の生活が営めるならば、多くの人が労働しなくなるのではないかということだ。

ＢＩだけでなく多くの社会的問題に関していえることだが、物事をあれかこれかの二項対立ではなく、グラデーションとして見る必要がある。すなわち、「ＢＩが導入されたら労働意欲は低下するか?」という質問に対して、ＹＥＳかＮＯで答えるべきではないのだ。その答えは、「給付額によって異なる」。一般的に給付額が多いほど労働意欲は低下するが、少なければそれほど低下しない。

月50万円も給付されたら、多くの人々が会社をやめてしまうだろう。実際、私が30人の学生にアンケートをとったところ、月50万円の給付が一生涯保障されるならば就職しないと全員が回答した。

他方、これまで行われたＢＩに関する実験では、日本円にして月当たり3万円から15万円程度の給付がなされてきたが、その程度では、労働時間はわずかしか減ることがない。

先に挙げたカナダのドーフィンで行われた実験では、全労働時間が男性では1％、既婚女性では3％ほど減少したに留まった。

しかも、その理由の多くは、子供と過ごす時間を増やすことや、十代の若者が家計を支えるための労働をしなくて済むというようなことだった。要するに、社会的に望ましいと思われるような形での労働の減少なのである。

給付額に応じた議論を行わずに、ＢＩが労働意欲の低下をもたらすものと決めつける人が少なくない理由として、ＢＩは各人の働きぶりとは関係なく同一の所得が得られる制度だという勘違いが生じていることも挙げられる。働いて得られるはずの稼ぎが全て国にとられて、国がそのお金を均等に国民に分配するといった「空想的社会主義」であるかのように誤解されているのだ。

それについては、ＢＩは「労働」と「所得」を切り離すものであると多くのＢＩ支持者自身が喧伝し、誤解をまき散らしてきたことも影響しているだろう。ＢＩのある社会では、労働とは無関係に所得が得られるのではない。それは、働けば働くほど所得が増える今の社会と変わりがない。

例えば、ＢＩが導入されて7万円の給付が得られるようになったとしても、働いて20万円を得た人は、今まで通り税金を除いた残りは全て自分の実入りとなる。

ＢＩは、生存に必要な最低限のお金を給付することによって、「労働」と「生存」を切り離す制度であり、「労働」と「所得」を切り離すわけではない。[*2]「働かざる者飢えるべからず」[*3]を実現する手段がＢＩなのである。

７万円のＢＩ給付のみで最低限の生活を送っていた人が働き始めても、給付額が減らされることはない。その点が、生活保護とは決定的に異なる。

生活保護の受給者が働いて賃金所得を得るようになれば、その分だけ（丸々ではないが）給付額を減らされる。それゆえに、生活保護は働く意欲を損ねやすい特徴を持っており、貧困の罠からの脱却を難しくする。少なくとも労働意欲の面で比較するに、ＢＩは生活保護よりも優れた制度なのである。

ここでついでに述べておくと、ＢＩを導入すると人々が堕落するというのもまた誤解だ。西アフリカのリベリアでは、スラム街に住むアルコール中毒者や麻薬中毒者、軽犯罪者に対し、２００ドル（約2万円）を給付する実験が行われた。彼らは、そのお金をアルコールや麻薬ではなく、食料や衣服、内服薬などの生活に必要な商品に費やしたという。[*4]

このように、ＢＩにまつわる「労働意欲を失う」「人々が堕落する」という二つの大きな誤解を解くことができれば、ＢＩの実現に向けて私たちの社会は数歩前進することができるだろう。

実現に至る道を阻む最も大きな壁は、財源を心配する声と「働かざる者食うべからず」の勤労道徳だ。前者については第2章で、後者については第5章で詳しく論じることにする。

なお、ＢＩを導入すると離婚率が上昇すると危惧する人もいる。しかし、これはＢＩのデメリットではなく、メリットではないだろうか。

というのも、ＢＩが導入されれば、夫の暴力や暴言にさらされていても経済力がないために離婚できなかった専業主婦が、自立して暮らせるようになるからだ。

ＢＩは女性の抱える深刻な人権問題を解消する手段になり得る。例えば現代の日本では、貧困に陥った女性が風俗産業への従事を余儀なくされる事態はありふれている。こうした状況は、ＢＩが導入されればかなり改善されるだろう。

同志社大学の山森亮教授が『ベーシック・インカム入門』で詳しく論じているように、特にアメリカには、シングルマザーや専業主婦などの女性が権利獲得のための運動の中でＢＩを要求する声をあげてきたという歴史がある。

女性に限らずだが、弱い立場に置かれているにもかかわらず、国家によってその立場が理解されないがために、なんら扶助の対象となっていなかった人たちも含めて、全ての人々が扶助されるようになることがＢＩの最大のメリットなのである。

デメリットとして他に私が危惧しているのは、例えば、ならず者の男が収入を得ることを目的に妻に10人ほど子供を産ませ、家族で月合計84万円（7万円×12）の給付を受け、しかもその多くを子供の教育費などではなくパチンコや競馬といった博打に費やし、自分では労働も子育ても全くしないというようなケースだ。

もし、このようなことが実際に起きたら、マスコミはことさら大問題のように報道するだろう。だが、どんな素晴らしい制度であろうとも、それを悪用する人間は必ず出てくるものだ。入学試験でカンニングがあるからといって、入試制度を無くそうという話にはならない。これと同じように、ＢＩを悪用する人間が出てくる可能性があるからといって、それがＢＩを導入しない理由にはならないのである。

1・2　ベーシックインカムvs.生活保護

所得保障制度

ＢＩは社会保障制度の中でも、特に「所得保障制度」の一種として位置付けられる。これは、国民の生活を守るために政府が国民にお金を給付する制度だ。所得保障制度は一般に、「社会保険」「公的扶助」「社会手当」の三つに分けられる。

「社会保険」は生活上生じる病気や老齢化などの様々なリスクに備えるための制度で、「医療保険」や「年金保険」などがある。「公的扶助」は最低限の生活を保障するための制度で、日本では生活保護として具体化されている。「社会手当」は保険料の徴収なしに給付されるもので、「児童手当」や「児童扶養手当」などがある。「児童手当」は民主党政権時代には「子ども手当」と呼ばれていたもので、「児童扶養手当」はいわゆる母子手当であるが、２０１０年からは父子家庭にも支給されている。

ＢＩはこれらの「所得保障制度」にとって代わる可能性のある制度だ。ただし、ＢＩを導入する際に、どの制度を廃止すべきかは論者によって意見が異なる。所得保障の全てを廃止すべきだという論者もいれば、逆に既存の社会保障制度を全て温存すべきだという論者もいる。だが、多くの論者は、このうちの幾つかを廃止し、幾つかを温存すべきだという中間的な主張を唱えている。

日本ではとりわけ生活保護制度がうまく機能していないので、生活保護を廃止（ないし大幅に縮小）し、ＢＩを導入しようという主張が強い。ここではＢＩを生活保護と比較したうえで、どのような所得保障制度がＢＩに置き換えられるのか検討しよう。

ベーシックインカムは普遍主義的社会保障

BIは「普遍主義的社会保障」と位置付けることができる。生活保護が「選別主義的社会保障」であるのとは対照的だ。

生活保護は、憲法25条で定められた「健康で文化的な最低限度の生活を営む権利」を保障するための制度のはずだが、実際にはそのような制度にはなっていない。

いわゆる「水際作戦」がとられて、病気を患っている場合ですら、生活保護の窓口という水際で申請を拒絶されることがある。生活保護の給付を受けられないものと最初から諦めて、申請しない人もたくさんいる。

申請が受理された場合でも、資力調査（ミーンズテスト）が行われ、申請者本人ばかりか家族や親類の収入や貯蓄まで調査され、基準をクリアしなければ実際に受給資格は得られない。

そのため、生活保護基準以下の収入しかないのに、給付を受けていない世帯が日本では特に多く、捕捉率は2割といわれている。つまり、8割の人は給付を受ける権利があるのに実際には受けていないのである。

それに対し、BIの給付にあたっては、労働しているかどうか病気であるかどうかは問われない。金持ちであるか貧乏であるかも関係ない。全国民があまねく受給するものだから取りこぼしが無く、誰も屈辱を味わうことがない。それゆえに、ＢＩは普遍主義的社会保障制度といえるのである。

ＢＩではまた、貧困の理由が問われることがない。アメリカの経済学者、ミルトン・フリードマンは、

もし目標が貧困を軽減することであるなら、われわれは貧困者を援助することに向けられたプログラムをもつべきである。貧困者がたまたま農民であるなら、彼が農民だからではなくて貧しいからということで、彼を援助すべき十分な理由がある。すなわち、特定の職業集団、年齢集団、賃金率集団、労働組織もしくは産業の構成員としてではなく、人びとを人びととして援助するようにプログラムは設計されるべきである。*5

と述べている。

農民が貧しいから農民を扶助しようとか、高齢者は貧しいから高齢者を扶助しようといった考えは間違っているというわけだ。そうではなく、政府が貧困を減らそうとするならば、

理由を問わず貧しい者を全て扶助すべきだとフリードマンは主張している。

人は、母子家庭や失業といった様々な理由で貧困に陥る。

現在、こうした理由の明確な貧困に対処するために、児童扶養手当（母子手当）や雇用保険などが制度化されている。逆にいえば、政府が認めた理由以外で貧困に陥った場合、こうした救済を受けることができない。

だが、全ての人が給付の対象となるのであれば、そういった制度は不要になる。そして、BIを導入し既存の諸々の社会保障制度を廃止することができれば、社会保障に関する行政制度は極度に簡素化される。また、社会保障に費やされる事務手続きや行政コストも大幅に削減される。

病気の人はともかく、怠け者を救済すべきではないと思う人は多いだろう。しかし、病人と怠け者を判然と区別することは不可能ではないだろうか。この問題もまた、二項対立と見なすことができず、グラデーションを成している。

発達障害や対人恐怖症は病気だろうか？　コミュニケーション障害は病気だろうか？　アルコール中毒患者はどうだろうか？　こうした問題に簡単に答えは出せないだろう。

体の調子が悪いけれど病名が明らかでないというケースもあり得る。実際、鬱病はかつて怠け者病だと思われていた。

あるいは、完全に病気でないことが証明されて、それでも働かない者がホームレスに陥ったとする。彼（彼女）は救済されるべきか否か?

結論からいうと私は、労働意欲を持てないということもまた、ある種のハンディキャップだと見なされるべきで、怠け者もまた救済されるべきだと思っている。この点についてはまた第5章で詳しく検討する。

いずれにせよ、国庫を使って怠け者にセレブ並みの贅沢をさせたら、経済が立ちゆかなくなることは明らかだ。だから政府は、怠け者も含めてあらゆる人々の生活に対し、最低限の保障をするに留めるべきなのである。

ここで注意する必要があるのは、全ての人々を救済するといっても、ＢＩはあくまでも貧困に対処するものであり、それ以上のものではないということだ。

先ほど、所得保障制度は一般に「社会保険」「公的扶助」「社会手当」に分けられると述べた。だが、これは今の制度の形態をも考慮した分類であって、そもそもその形態が妥当かどうかという問題もある。

例えば雇用保険や年金保険は、保険料を徴収して保険金（年金）を払う「保険制度」という形態をとる必要は必ずしもない。失業者や高齢者に対する給付を、保険料ではなく税金でまかなうことは可能だし、実際にそうしている国もある。

所得保障制度は、今の制度の形態は考えに入れずに目的のみを見るならば、

・貧困者支援（生活保護、雇用保険、児童手当、児童扶養手当）
・障害者支援（年金保険、介護保険、医療保険、特別障害者手当）

の二つに分けられる。[*6]

まず、失業や母子家庭は、「貧困」を招くものとして考えられる。他方、老齢や病気、寝たきり、身体障害は「貧困」を招くばかりでなく、医療費の増加やそれ自体の労苦も問題となるので、その部分については「障害」（ハンディキャップ）として分類するのが適当だ。

ＢＩは、貧困者支援の全てにとって代わることができるが、障害者や傷病者の支援の代わりにはなり得ない。したがってＢＩを導入した場合でも、後者についてはこれまでどおりの制度が維持される必要がある。

児童扶養手当（母子手当）は、ＢＩ導入後でも引き続き必要な制度だという主張もある。

今の児童扶養手当では、子供が一人いる母子家庭が受けられる給付額は、最大でも4万2000円である。「最大でも」といっているのは、所得が低くないと満額の給付が受けられないからだ。母子家庭であっても、お金を稼いでいれば、それだけ支給額は少なくなる。

4万2000円に児童手当の1万5000円（0歳〜3歳未満）を加えても、5万7000円にしかならない。それに対し一人7万円給付のBIの場合、母と子を合わせると14万円が給付される。BIが導入されれば、母子家庭がより豊かになるということは明白だ。

1・3　起源と歴史

3人のトマスと土地の分配

ここで、BIの歴史に目を転じてみよう。BIの起源を辿ると、イギリス人の思想家である「3人のトマス」に行き着く。

『ユートピア』を著したトマス・モア、政治パンフレット『コモン・センス』によってアメリカの独立を促したトマス・ペイン、それからペインの同時代人であるトマス・スペンスだ。

まず、16世紀にトマス・モアが『ユートピア』という架空の旅行記で、飢えも失業もないユートピアという共和国を描いている。この『ユートピア』こそがＢＩの起源であるとされることが多いが、実際にそこで描かれているのは、むしろ空想的社会主義だ。国民には一日につき6時間だけだが労働の義務があり、生産された財は倉庫に運ばれ、そこから人々はお金も払わずに好きなだけ財を持ち出して良いというような社会である。労働するか否かにかかわらず、お金が給付されるＢＩ制度とはかなり異なっているので、私は『ユートピア』をＢＩの起源と見なさない方が良いと思っている。だが、一般にはＢＩの起源とされているので、不本意ながら本書でもそう位置付けておこう。

それから二世紀を隔てた18世紀に、トマス・ペインが『土地配分の正義』で、土地は元々誰の所有物でもなく万人の共有財産であるから、土地を利用する者は地代を収めるべきであると主張した。そして、その地代を財源に、成人になったら全ての人々に15ポンドを給付する制度を提唱した。

この制度は定期的に支給する形ではなく一括で支払うものなので、今日では「ベーシック・キャピタル」（基本資産）と呼ばれている。この制度では、15ポンドを元手に資産を運用したり商売を始めたりすることが想定されていた。ただし、50歳以上の人々に対しては年10ポンドを給付するものとした。これは今でいう、老齢年金のようなものだ。

本来であれば土地を共有財産にすべきであるが、今さら土地の私有を廃止することはできないので、奪われた共有財産を取り戻す代わりに、万人にいわばその「補償」としてお金を給付すべきだというのがペインの理屈だ。

ここで、ペインがこのＢＩ的制度を貧しい人に対する施しではなく、社会的な正義のために行うべきだといっていることに注意しよう。この制度は、土地から得られる利益を配分するものと解釈することができるので、「社会保障制度としてのＢＩ」というよりも「国民配当としてのＢＩ」なのである。

土地は共有財産であるという思想はそれほど珍しいものではなく、例えば19世紀の経済学者レオン・ワルラスによっても唱えられている。

ワルラスは、本来であれば土地を国有化すべきだが、現実には難しいので地代によって全ての政府支出をまかない、政府が他の課税によって個人の私的所有権を侵害しないようにすべきだと述べている。

歴史的には土地を国有化し、国民に対する分配を試みた例もある。中国では北魏《ほくぎ》から唐の時代まで、「均田制《きんでんせい》」が敷かれていた。これは、田畑が国から人々に支給され、定年になったり死んだりしたら国に返却される制度だ。

日本でも、均田制を真似た「班田収授法《はんでんしゅうじゅのほう》」が、701年に制定された大宝律令の下で導入された。ちなみに、開墾した土地については子々孫々に至る私有財産として良いという制度が、日本史で習うとりわけ印象深い用語である「墾田永年私財法《こんでんえいねんしざいのほう》」だ。均田制や班田収授法は、一種のベーシックキャピタルと見なすことができるだろう。

資本主義において不平等が拡大せざるを得ないのは、共有財産とも見なされる土地が生産に必要な主な投入要素ではなくなり、私有財産としかいいようがない機械＝資本がそれに代わって主な投入要素となってしまったからである。

ペインやスペンスの時代には、農業がまだ経済の中心であり、土地が主な投入要素であったからこそ、彼らはそれが本来みなの共有財産であることを強調したと考えることもできる。トマス・スペンスの方は『幼児の権利』で、地域ごとに土地を共有財産として、その土地から得られる地代を唯一の税金とし、支出して余ったお金を年に4回ほど、老若男女を問わず全員に均等に給付する制度を提唱している。

スペンスのこのアイディアは、国民全員に定期的に現金を給付する制度という意味でのＢＩの提案としては最古のものだ。ただし、最低限の生活を保障する額が維持されるわけではないので、そういう意味ではまだ部分的なＢＩに過ぎない。

なお、この3人のファーストネームがトマスであるのは全くの偶然に過ぎないが、スペンスは「3人のトマス」のうちの一人と自らを称していた。

国民配当と負の所得税

BIの現代的な起源は、クリフォード・ヒュー・ダグラスが1924年に『社会信用論』で提唱した「国民配当」や、ミルトン・フリードマンが1962年の著作『資本主義と自由』で提唱した「負の所得税」にある。

イギリス生まれのエンジニアで思想家であるダグラスはそれほど一般には知られていないが、イギリスの経済学者ジョン・メイナード・ケインズの主著『雇用・利子および貨幣の一般理論』(一般理論)で彼の経済学的な学説が取り上げられている。彼は英国王立空軍航空兵科で少佐を務めていたことがあるので、『一般理論』の中では「ダグラス少佐」と皮肉混じりの愛称で呼ばれている。

『一般理論』では触れられていないが、ダグラスは、『社会信用論』で「貨幣発行益」を財源にして、月5ポンドのお金を給付することを提案している。

貨幣発行益というのは、中央銀行などで貨幣を発行することで得られる利益である。例えば1万円札を発行すると、製造コストは一枚あたり約20円なので、残りの9980円が貨幣発行益ということになる。

このような貨幣発行益を国民に配当することが、ダグラスの「国民配当」だ。貨幣発行益については、第3章で詳しく説明することにする。

一方のフリードマンは、アメリカの経済学者でノーベル賞受賞者であり、ケインズが起こした経済学の革命「ケインズ革命」に抗した反革命の旗手だ。

「負の所得税」は、低所得者がマイナスの徴税、つまり給付が受けられる制度を指す。この制度の下では国民全員が給付を受けるわけではないので、BIとは違う制度であると勘違いされることが多いが、BIと負の所得税は本質的に同じ効果を持つ。

BIでは税額とは関係なく、国民全員が例えば月7万円（年84万円）の給付を受ける。それに対し、負の所得税の下では、税額から84万円という給付額を差し引いた額を実際に納税する。その差額がマイナスの人は、納税せずに給付を受けるのみである。給付とは別に納税するのも、納税の際に給付額だけ差し引かれるのも、国民の負担は変わりない。

コストが掛かりすぎるとか、金持ちにもばらまくのは無駄ではないかといったBIに対するいわれなき批判の多くは、負の所得税との同質性を理解することで消滅するだろう。その点については次章で詳しく論じる。

なお、フリードマンの負の所得税は個人ではなく世帯が対象となるが、その点はさして重要ではなく、個人ベースの負の所得税を考えることもできる。その場合、ほとんどの子供は所得がゼロなので税金を払わず給付のみを受けることになる。

フリードマンは右派の立場の経済学者なので、これを理由にＢＩや負の所得税を毛嫌いする左派の人々がいる。その一方で、ＢＩや負の所得税に反対する右派がいるとともに、賛成する左派ももちろん少なくない。元来、社会保障に肯定的な左派だけでなく、社会保障に否定的な右派にも賛成されるからこそ、ＢＩという制度は素晴らしいものだと私は思っている。

アメリカでは１９６８年に、ミルトン・フリードマンやフリードリッヒ・ハイエクといった右派からジェームズ・トービンやジョン・ガルブレイスといった左派に至るまで、１２００人を超える経済学者がＢＩの導入を政府に要求したことがあった。

このことは、イデオロギーの左右を問わず論理的に経済問題を分析できる人間であるならば、誰もがＢＩの有効性を理解できるということを証拠付けているように思われる。

要求を受けた共和党のリチャード・ニクソン大統領は、１９７２年に「家族扶助プラン（ＦＡＰ）」という制度として負の所得税の導入を試みたが、民主党議員の反対が多く断念を余儀なくされた。もっとも、FAPの対象となるのは低賃金労働者であって、そもそも職がない人は除外されていたので、FAPはBIどころか負の所得税ですらないともいい得る。

1・4　現代のムーブメント

ベーシック・インカム地球ネットワーク

1986年に、BIに関する国際的な議論を促進する「ベーシック・インカム欧州ネットワーク」(Basic Income European Network, BIEN) という組織が設立された。2004年には「ベーシック・インカム地球ネットワーク」(Basic Income Earth Network, BIEN) と改名しているが、変更されても組織名の略称はBIENのままである。日本からは同志社大学の山森亮教授が主要メンバーとして参画している。

BIENは1年に1回（かつては2年に1回）国際会議を催しており、私は2012年のミュンヘン大会、2016年のソウル大会で報告を行っている。本書の第3章の内容はミュンヘン大会の報告、第4章の内容はソウル大会の報告に基づいている。

著名なBI支持者として、これまでフィリップ・ヴァン・パレースやゲッツ・W・ヴェルナー、ガイ・スタンディングなどが講演や報告を行っている。

パレースはベルギーの哲学者で、『ベーシック・インカムの哲学』などの著作がある。ロックミュージシャンのようなスタイリッシュないでたちで、銀色の長髪がトレードマークだ。

パレースは「リアル・リバタリアニズム」（真の自由至上主義）という思想を提唱している。先ほど述べた通り、私たちの社会には政府から干渉されない形式的な自由がある程度はあるが、好きなことを行う実質的な自由がない。この実質的な自由の実現を図る思想こそが、リアル・リバタリアニズムである。

彼は、働き過ぎることを「クレイジー」といい、働かないで怠けることを「レイジー」という。リアル・リバタリアニズムは、クレイジーやレイジーになることも、その間のほどほどの労働をすることも認められるような社会を目指しているのである。

ヴェルナーはドイツのドラッグチェーン会社の経営者で、『ベーシック・インカム』『すべての人にベーシック・インカムを』といった著作がある。ミュンヘン大会で会った時に、全くの初対面であるにもかかわず、私の肩に手を回しながらやけにフレンドリーに話をしてくれたのが印象的だった。

ヴェルナーは、ＢＩを導入するとともに、税制を消費税に統一して簡素化することを提唱している。ＢＩは抜本的な税制改革とは独立に導入することもできるが、後者についても同時に議論することで、より良い社会の実現を目指すことができるだろう。

スタンディングはイギリスの経済学者で、２０１８年の2月にその著書『ベーシックインカムへの道』の翻訳が出たばかりだ。この本は、日本で出版されているＢＩ関連の書籍の中で最も包括的なものである。しかも、文章が非常に明確で読みやすい。彼の講演もまた分かりやすい。ＢＩＥＮの大会でスタンディングの講演を聞いたことがあって、リスニングが壊滅的に苦手な私にすら明瞭に聞き取れる英語だった。

スタンディングは、『ベーシックインカムへの道』の中で「共和主義的自由」を提唱している。これもまた真の自由を意味している。私たちは、たとえ政府から介入されない自由が与えられていたとしても、生活が保障されていないがために、妻が横暴な夫から自由になることやブラック企業を辞める自由が実質的には得られない場合がある。

「人物や組織、プロセスによる不当な支配を受けないだけでなく、そのような支配を受ける潜在的可能性もないこと」[*7]が共和主義的自由であるとスタンディングは述べている。

欧米での実現に向けての試み

ＢＩは、未だに主要国で本格的に導入されたことはない。だからといって、全くの夢物語というわけでもなく、ここ数年、実現に向けての動きが巻き起こっている。

最も早くＢＩの導入が実現しそうなのは、インドとフィンランドである。インド政府は、２０１８年に2年以内に一つか二つの州でＢＩを導入することを発表している。

フィンランドもまた、政府（中央党などからなる連立政権）がＢＩを導入しようとしている。現在、抽選で選ばれた失業者２０００人に対して月約６万８０００円を給付する実験を行っている段階だ。

オランダでは、ユトレヒトやアムステルダムなどの幾つかの都市でＢＩの試験的な導入が図られており、アメリカでは、シリコンバレーのベンチャーキャピタル、Ｙコンビネータが大規模な実験を行っている。

その他、カナダやインド、イタリア、ケニア、ウガンダなど世界各国でＢＩに関する実験が行われてきた。ただ、私はこうした対象者を限定した実験は、もうそれほど必要ないと考えている。先にも触れたが、既に多くの実験で、受給者の労働意欲がほとんど損なわれず、メンタルヘルスが改善し、子供の学業成績が向上し、DVが減少するといった望ましい結果が示されているからだ。

これから特に必要な実験は、「狭く深くの給付」ではなく「広く浅くの給付」である。すなわち、特定の個人に最低限の生活を送るためのお金を給付することではなく、国民全員に小額の給付を行うことである。なぜなら、BIは個々人に対してミクロ的な影響を持つばかりでなく、一国の経済全体に対してマクロ的な影響をも持つからである。すなわち、BI導入によって、GDPやインフレ率などが影響をこうむるのである。

そのため、国民全員に1万円や2万円といった少額ずつ給付するところから始めるような、試験的導入を図るべきだと考えられる。少しずつ給付額を増やしていって、GDPやインフレ率がどのように変化するのかを検証する必要があるのだ。

日本におけるベーシックインカム論

欧米と比べるとかなり立ち遅れているものの、日本でも2007年くらいからBIが衆目を集めるようになった。この年、経済評論家の山崎元氏がブログでBIの導入・社会保障制度の簡素化を提案した。続いて、そのブログに影響を受けたライブドアの元社長である堀江貴文氏が２００８年からＢＩの支持を表明するようになった。

彼らのＢＩ論は、「新自由主義的」（ネオリベ的）であると批判されることが多い。「新自由主義」（ネオリベラリズム、ネオリベ）は、政府の役割を小さくし市場を重視するような政治経済思想だ。日本では、１９８０年代に中曽根康弘首相が国鉄を民営化したり、２０００年代に小泉純一郎首相が郵政を民営化したのが、新自由主義的だといわれている。

同じＢＩに対する支持表明であっても、それは「ネオリベ的ＢＩ論」と「反ネオリベ的ＢＩ論」に引き裂かれているとの指摘が、反ネオリベ側からなされている。

ネオリベ的ＢＩ論者にとって、ＢＩの目的は社会保障制度の簡素化であり、反ネオリベ的ＢＩ論者にとって、それは社会保障制度の拡充だ。

両者は同床異夢なのかどうか、互いに歩み寄るべきなのかどうか。この点については第５章で詳しく議論する。いずれにしても、反ネオリベ側からのネオリベ的ＢＩ論に対する警戒は、日本におけるＢＩの潮流を語るうえで一つ大きな軸となる。

２００８年には、「ベーシック・インカム地球ネットワーク」（ＢＩＥＮ）の主要メンバーである山森亮教授が『ベーシック・インカム入門』を出版し、社会問題に関心のある多くの人たちにＢＩが知られるようになった。２０１０年には、「ベーシック・インカム日本ネットワーク」（ＢＩＪＮ）も設立されている。２０１２年には、当時の大阪市長の橋下徹氏が率いる大阪維新の会が公約としてＢＩ導入を掲げた。これは行政機構の経費削減が目的であり、ネオリベ的ＢＩ論として位置付けられることが多い。

ＡＩ時代に向けたＢＩに関する議論

これら２００７年から２０１２年までの出来事が、いわば日本におけるＢＩの第一次ブームを形作っている。それに対し、ＢＩの第二次ブームは、人工知能（ＡＩ）が人々の雇用を奪うのではないかという危惧を背景に、２０１６年くらいから巻き起こって現在に至る。職に就けないために収入が得られない人々が飢え死にしないようにするには、政府が食わせてやるしかないからだ。

２０１４年に私はネット上のニュースサイト「シノドス」で、「機械が人間の知性を超える日をどのように迎えるべきか？――ＡＩとＢＩ」という記事を発表した。続いて２０１５年に「人工知能が人間を超える日に備えよ」という記事を週刊エコノミスト誌で書いた。これらの記事で、私はＡＩ時代にＢＩ導入が不可欠であることを主張している。しかしながら、まだ今日のＡＩブームが起きる前だったので、さしたる注目も集めなかった。

ところが、２０１５年にアメリカの起業家マーティン・フォードが『ロボットの脅威』でＢＩの必要を説き、アメリカの経済学者エリック・ブリニョルフソンとアンドリュー・マカフィーが『ザ・セカンド・マシン・エイジ』で負の所得税の導入を主張し、世界的にはＢＩに関する議論が盛んになった。

ＡＩブームが巻き起こったのは日本では２０１６年からで、この年の新語・流行語大賞の候補に「ＡＩ」が選ばれている。ちなみに、大賞は「神っている」である。この頃から、ＡＩ時代にはＢＩが必要なのではないかというネット上の記事が、日本でもちらほら見受けられるようになった。

２０１６年に、私は『人工知能と経済の未来』を出版し、かなりの紙幅を使って、ＡＩが高度に発達した未来にはＢＩが不可欠になるのではないかという議論を展開した。そのテーマは本書の第４章でも再び扱っている。

そして２０１７年には、ＢＩを論じるにあたってＡＩは欠くべからざるファクターとなった。極めつけとして、２０１７年当時、小池百合子都知事に率いられていた希望の党は、衆院選向けのパンフレットで、ＡＩ時代にあたって既存の社会保障制度をＢＩに置き換える必要があると訴えた。

他にもこれまで、みんなの党や新党日本などでも、ＢＩやそれに似た制度が公約として掲げられてきた。そうではあるが、未だに政治家の間でＢＩが熟議されているとはいえない状況である。

第2章

財源論と制度設計

いい合ってみてもはじまらない。説法していて何になる。
議論は聞き飽いた。金が足りないのだ。すぐにもこしらえろ。
（ヨハーン・ヴォルフガング・ゲーテ『ファウスト』[*8]）

２・１　なぜ生活保護よりもベーシックインカムの方が安上がりなのか？

ベーシックインカムの真のコストとは？

ＢＩについては度々、「財源をどうするのか？」「財源が問題だ」といったお決まりのいい方で否定的な議論がなされることがある。

常識的に考えれば、財源は税金しかない。後に税金以外の財源についても論じるが、基本的には増税することによってＢＩの費用をまかなうしかないのである。

一人に対し月７万円、つまり年間84万（＝７万×12）円給付するならば、全国民分の給付総額は年間１００兆（≒84万×１・２億）円ほどになる。そうすると、１００兆円の増税が必要となる。

１００兆円の増税は負担が重過ぎるから無理だろうと考える人が多いかもしれない。だが、ここで注目すべきなのは、単なる増税額ではなく、増税額と給付額の差し引きである。

楽天的な人はもらえる額に目を輝かせるし、悲観的な人は払う額を見てため息をつく。そうではなく、両者の差額に注目すべきなのである。

「給付額－増税額」がプラスであれば純受益が、マイナスであれば純負担が個々人に発生する。この差し引き額を全国民で平均すると、理屈の上ではゼロとなる。給付額が年間84万円であれば、増税額の平均も84万円となるからだ。要するに、国民全体にとっては損も得も生じないということになる。

しかし、金持ちほど増税額が増えるものとすれば、富裕層はマイナス（損）で、貧困層はプラス（得）となる。大雑把にいうと、中間層はプラスマイナスゼロとなる。自分の納めた税金が給付となって、ブーメランのように自分に返ってくるだけで、損も得もしない。

それならば、生活保護のように単純に富裕層から貧困層へ所得を再配分すれば良いだけで、こんな壮大なバラマキをする必要は無いのではないか、と思われるかもしれない。しかしながら、生活保護の方がＢＩよりも実質的なコストが掛かる。なぜだろうか？

まず、一人当たり月７万円の給付に必要な１００兆円は実質的なコストではないという点が重要だ。というのも、お金は使ってもなくならないからだ。私の使ったお金は、他の誰かの所有物となる。国が使ったお金も誰かの所有物になる。この世から消えてなくなるわけではない。この場合、全国民の納めた１００兆円が全国民に戻ってくるだけのことだ。

注意しなければならないのは、一国を一個人や一企業に置き換えて考えないようにすることだ。一個人が使ったお金はその個人から消えてなくなるが、国全体から消えてなくなるわけではない。一国の中で幾らお金を消費しても、お金がぐるぐると国内を巡るだけである。

税金で無駄な橋や道路を作った場合は、価値のある橋や道路を作るために必要な労力（や資材）が奪われてしまうので、国全体の損失となる。だが、お金が政府と国民の間をただ行き来するだけならば、国全体の損失にはならず、実質的なコストは生じない。つまり、一国の経済にとって実質的なコストというのは、お金を使うことではなく、労力を費やすことなのである。その点を踏まえないと、ＢＩの持つ効率性を理解することは難しい。

生活保護の場合、申請者の収入や財産を調べなければならず、選別のための行政コストが掛かる。これは実質的なコストであり、前述したとおり、救済に値する者とそうでない者を選り分けるコストは馬鹿にならない。

ＢＩは受給者を選別しないから、その分のコストはかからない。ただし、ＢＩの方も行政コストがゼロであるとは限らない。給付の際にどれだけ事務手続きなどに労力が掛かるかが問題となる。

しかしながら、全国民の銀行口座に毎月給付金を振り込むようにすれば、ランニングコストはほとんど掛からない。マイナンバー制度が２０１６年１月に実施を開始したが、マイナンバーと銀行口座が紐付けされるようになれば、このようなコストの掛からないＢＩ制度を導入するための環境が整う。

ベーシックインカムの財源に関する試算

繰り返すが、一人当たり月７万円（年84万円）のＢＩを導入するには、約１００兆円の財源が必要となる。ここで、原田泰氏の『ベーシックインカム』を参考にしつつ、ＢＩに関する財政的な試算を進めよう。

原田氏によれば、ＢＩの導入に伴って、２０１２年度予算のうち、老齢年金の16兆円、子ども手当の１・８兆円、雇用保険の１・５兆円に対する政府支出、合計約20兆円が不必要となる。さらに、公共事業予算が５兆円、中小企業対策費が１兆円、農林水産業費が１兆円、福祉費が６兆円、生活保護費は医療費を除く１・９兆円、地方交付税交付金が１兆円、合計約16兆円が削減可能となる。

なぜなら、こうした予算は雇用や所得を無理やり作り出すために存在しているのであって、ＢＩが導入されればその必要性が低くなるからだ。

図表１　ベーシックインカムにおける年収と増税額の関係

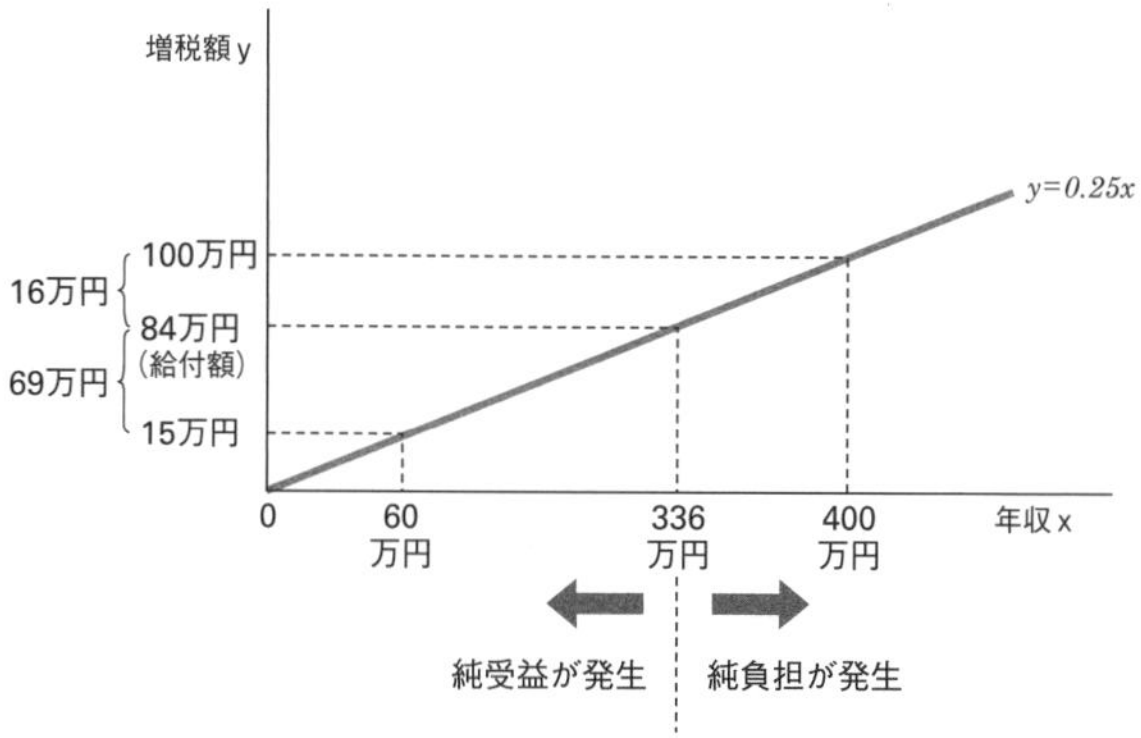

このような原田氏の議論を踏襲すると、結局合計約36兆円がＢＩの財源として振り替えられることになる。

それでも、１００兆円から36兆円を引いた残りである64兆円分の新たな財源が必要だ。仮に64兆円の全てを所得税でまかなった場合、税率を一律25％引き上げる必要がある。

図表1を見ていただきたい。横軸は年収、縦軸はそれに対応する増税額を示している。年収のちょうど０・２５倍が増税額となる。

現在、個人の平均年収はおよそ４００万円である。平均年収の人は、そのうちの25％である１００万円を新たな税金として支払うことになる。これは大変な負担だと思われるかもしれない。

しかし、１００万円のこの増税は、見せかけの負担である。一人暮らしであれば、年収400万円の人の「純負担」は、増税額の100万円から給付額の84万円を引いた残りの16万円に過ぎない。同様に考えると、ちょうど年収336万円の人は一人暮らしならば、増税額が給付額と同じ84万円となり、損も得もなくなる。

年収が336万円より多い人には「純負担」（損）が生じ、少ない人には「純受益」（得）が生じる。つまり、年収60万円の人だったら、84万円から税額15万円を引いた69万円の純受益が得られることになる。

以下では、この試算をもとに、様々なBI的制度や生活保護などの「最低所得保障」を互いに比較検討してみたい。

2・2 負の所得税・生活保護との制度上の違い

ベーシックインカム的制度の分類

最低限の所得を保障するために、政府が個人に給付する制度を「最低所得保障」という（図表2）。ここでは、生活保護のような給付対象者を限定した制度も最低所得保障に含めることにしよう。

図表2　BI的制度の分類

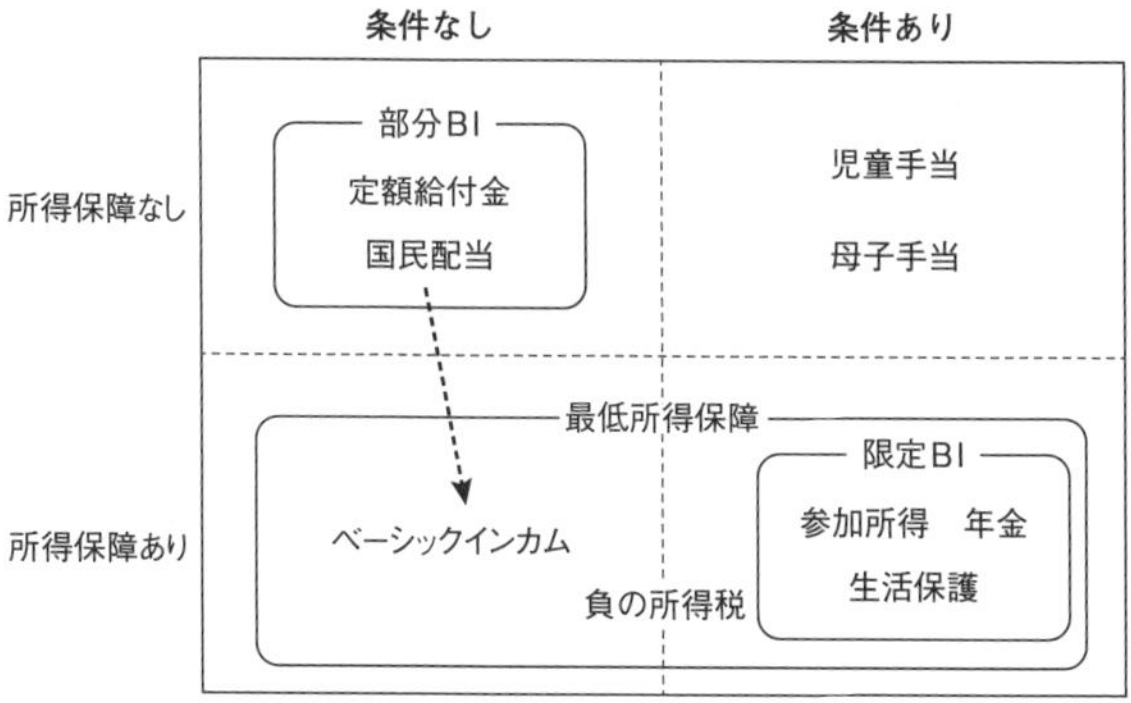

年金制度は、それだけで生活を営めるように保障した制度と言えるかどうかははっきりしていないが、ここではとりあえず最低所得保障に含めることにする。

ＢＩはもちろん最低所得保障の一種だが、なんら条件を付されることなく給付される点で、これらの制度と異なっている。

年金や生活保護は、対象者が限定されたＢＩという意味で、「限定ＢＩ」と呼ぶことができる。それに対し、２００９年に日本で実施された「定額給付金」（国民全員に１万２０００円を給付）や公的な収益を分配する「国民手当」は、基本的には条件が付されていないが、最低限の生活保障がなされているわけでもない。こういった制度を「部分ＢＩ」と呼ぶことにする。

負の所得税は一定の収入以上の人には給付されな

いので条件ありの制度だが、全ての国民が所得保障の対象となるので、そういう意味では条件なしの制度ともいえる。いい換えれば、全員が所得保障の対象となることと、全員が給付の対象となることは異なっているのである。

重要なのは前者であり、ＢＩと負の所得税は本質的に同じ効果を持つ。その点について、先の数値例を用いながら明らかにしよう。ただし、一般に負の所得税は世帯ベースで論じられるが、ここでは個人ベースで考えることにする。

ベーシックインカムと負の所得税との関係

先にも述べたとおり、楽観的な人はＢＩの給付額にばかり、悲観的な人はその増税額にばかり目がいきがちだが、給付額と増税額の差し引きにこそ注目しなければならない。そして、負の所得税というのは、この差し引きを最初にして、差額分だけ給付ないし徴税する制度である。

例えば、一律25％の所得税が課されるとともに、84万円の控除ないし給付が得られる負の所得税を制度化した場合、図表１（61ページ）で表されたＢＩと全く同じ効果を持つ。年収400万円の人は16万円だけ税金を新たに払い、年収60万円の人は69万円の給付を受けるの

図表３　負の所得税における年収と増税額の関係

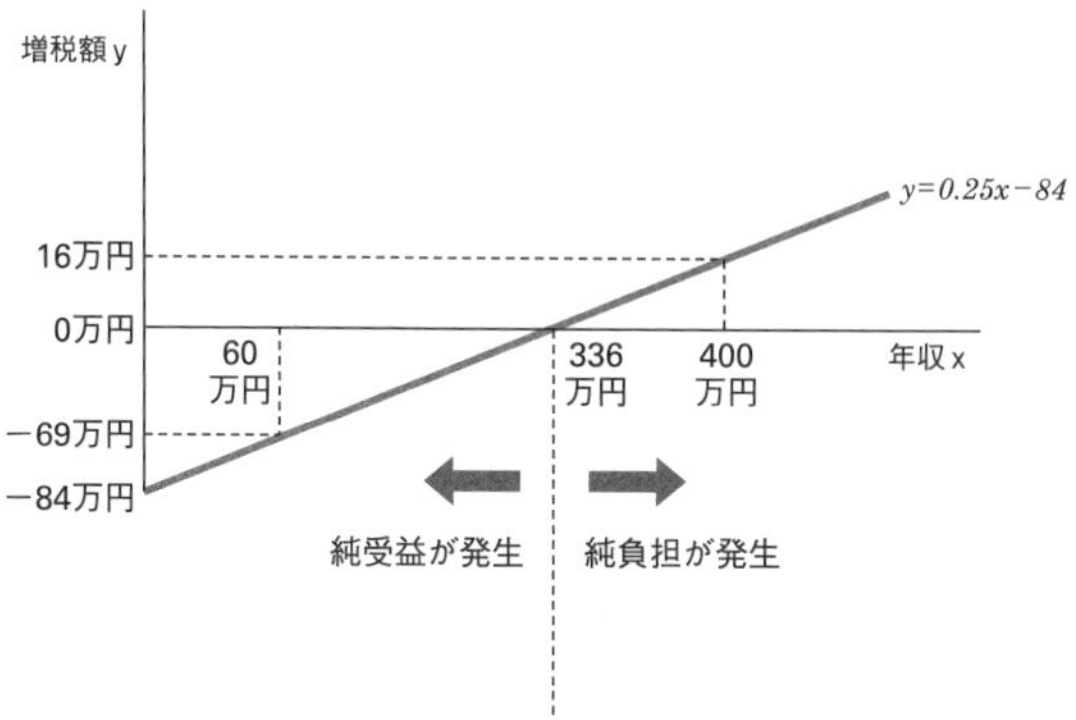

である（図表３）。

この負の所得税制度の下では、年収３３６万円以下の人にしか給付がなされない。したがって、負の所得税の方がＢＩよりも圧倒的に少ない予算で実施が可能な制度だ。それにもかかわらず、ＢＩと負の所得税では、国民の純受益ないし純負担は全く同じであり、もたらす効果も同じである。

年収４００万円の人が、ＢＩの下で１００万円の税金を払ってその後84万円の給付を受けるのと、負の所得税の下で最初から差額の16万円の税金を支払うのとで何か本質的な違いがあるだろうか？

ＢＩと負の所得税の違いは、３００円の牛丼の代金を支払うのに、１０００円を支払ってから７００円のお釣りをもらうのと、最初から３００円きっかり支払うこととの違い程度でしかない。

したがって、負の所得税に比したＢＩの実施困難さもまた、見せかけのものに過ぎないし、必要とする予算額が大きいか小さいかも全く重要な論点ではない。

ただ、多くの人々にとって負の所得税の方が実施が容易に見えるがゆえに、政治的な賛意が得られやすく、手っ取り早く導入できる可能性が高いといえるだろう。

負の所得税と生活保護の関係

ここまでの説明で、ベーシックインカムと負の所得税がいかに本質的に変わらない制度であるかが理解できたであろう。次に、負の所得税と生活保護の関係について明らかにしたい。

図表４のように、最低保障額84万円以下の人の税率を１００％とすることにしよう。84万円以上の人の税率は、１００％だと働くインセンティブがなくなるので、１００％より低いパーセンテージであると仮定する。ここでは、その税率については問わないことにする。

この時、収入がゼロの人は84万円の給付が得られ、収入が60万円の人は24万円の給付が得られる。つまり、84万円に収入が満たない人々は、その差額だけちょうど補填され、可処分所得（納税したり給付を受けたりした後の所得）がみな84万円となる。

このような制度を「インセンティブなしの負の所得税」と呼ぶことにしよう。「インセン

図表４　「インセンティブなしの負の所得税」における年収と増税額の関係

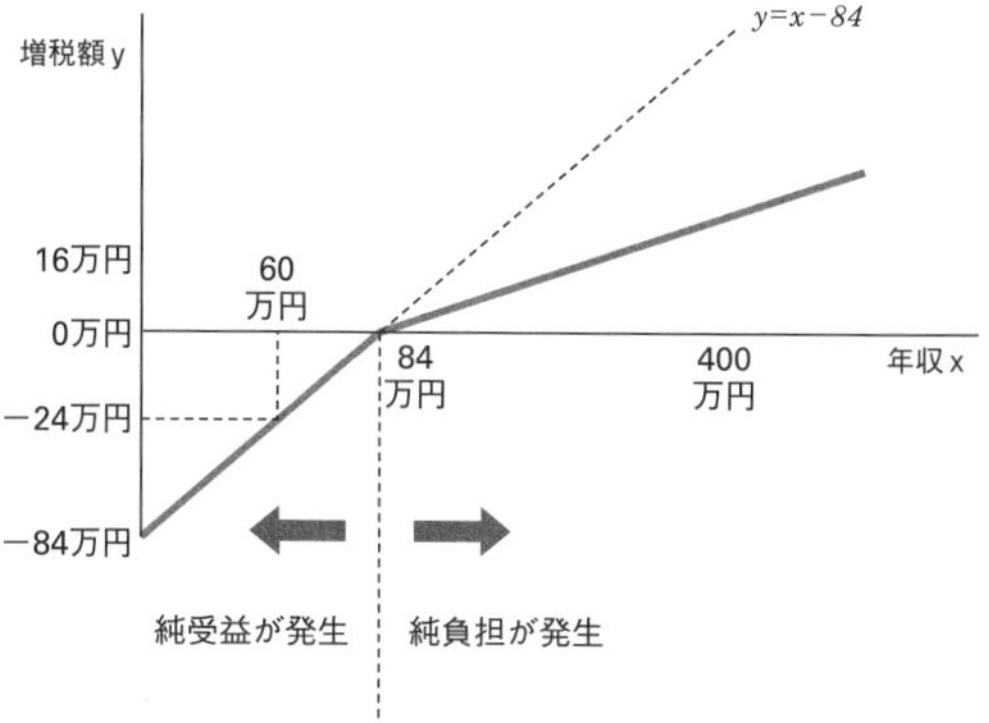

ティブなし」というのは、労働しようという意味だ。この場合、84万円以下の給付の人は労働意欲をほとんど完全に奪われてしまう。当初収入がゼロの人が60万円稼ぐようになると、給付は24万円に減らされてしまい、結局可処分所得は84万円のままだ。

図表５（68ページ）のように、84万円以下の所得の人の可処分所得はフラットで、幾ら働いても変わらず84万円なのである。働いても働かなくても手取り収入が変わらないのであれば、働かないままいる可能性が高くなる。

一方、今の日本の生活保護は選別的だが、収入が保障額（ここでは84万円）以下の人々に対し無条件に給付されるような生活保護を考え、

図表5　「インセンティブなしの負の所得税」における年収と可処分所得の関係

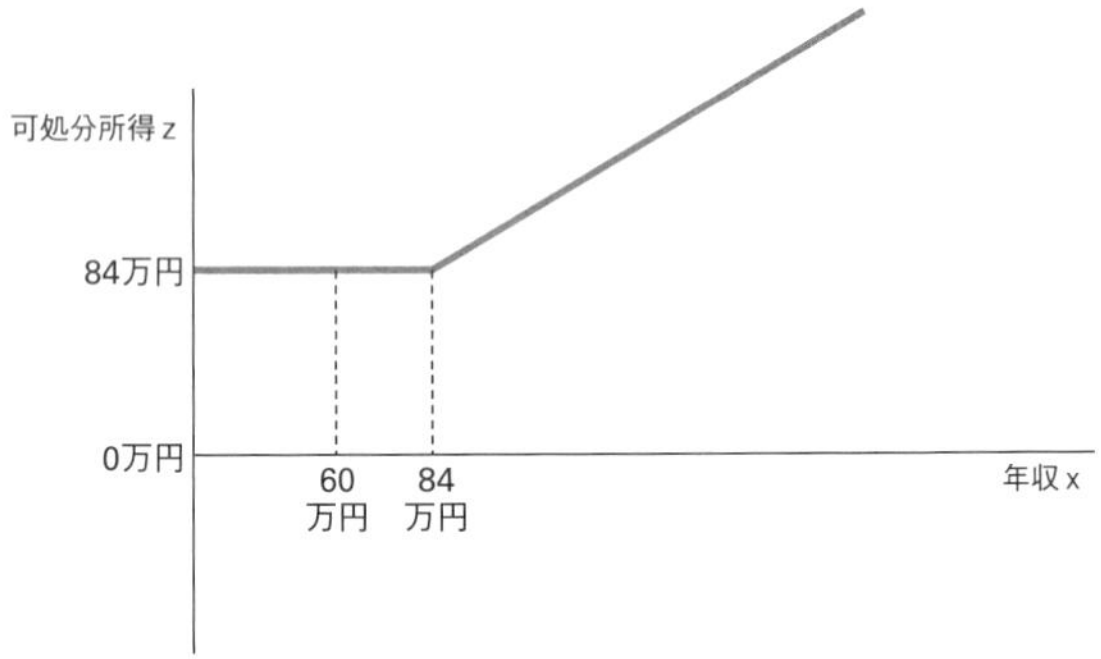

これを「条件なしの生活保護」と呼ぶことにする。ただし、保障額に収入が満たない人々は、その差額だけちょうど補填されるものとする。そうすると、「インセンティブなしの負の所得税」と「条件なしの生活保護」は同じものとなる。

現実の生活保護が完全にインセンティブなしかというとそういうわけではない。賃金収入の分だけ給付が減らされるのが基本だが、賃金収入に対する控除があって、少しは労働した方が可処分所得は大きくなる。

ただ、その増大分はあまりにも小さいので、ほとんど今の生活保護はインセンティブなしと見なせるだろう。したがって図表6のように、生活保護はインセンティブなしで条件ありの最低保障制度として位置付けられる。

図表6　負の所得税と生活保護の関係

	条件なし	条件あり
インセンティブあり	負の所得税 （ベーシックインカム）	インセンティブありの 生活保護 （条件ありの負の所得税）
インセンティブなし	インセンティブなしの 負の所得税 （条件なしの生活保護）	生活保護

逆に、条件ありでインセンティブありの生活保護も考えられるだろう。この場合、給付対象者は働いた分だけ手取り所得を増やすことができるので、労働意欲を持つことができる。これを、「インセンティブありの生活保護」と呼ぶことにしよう。インセンティブありという意味で、これは負の所得税に近いが、負の所得税とは違って、条件が付されている。「インセンティブありの生活保護」というのは、条件ありの負の所得税でもある。

要するに、負の所得税は、生活保護に労働インセンティブを付けるとともに、条件を取っ払ったものと位置付けることができる。

生活保護は労働インセンティブがほとんどないので、健康で元々労働意欲のあった人ですら、一度その環境にはまったら抜け出しにくいという特徴がある。生活保護に労働インセンティブを付けることで、その点の改善を図ることができる。

ここまでで、「負の所得税」（＝ＢＩ）「インセンティブなしの負の所得税」（＝条件なしの生活保護）「インセンティブありの生活保護」（＝条件ありの負の所得税）「生活保護」という四つの制度の関係性を明らかにした。

私たちがこれからなすべきなのは、今の生活保護を惰性で採用し続けることではなく、どの制度が最も優れているかを検討し、その制度を導入するための歩みを進めることではないだろうか。少なくとも「インセンティブありの生活保護」は、今の生活保護よりも優れた制度だといえないだろうか？　インセンティブがあるので、労働意欲が奪われることなく、貧困の罠から脱却することが比較的容易だからだ。

「インセンティブありの生活保護」（＝条件ありの負の所得税）と「負の所得税」ではどちらが良いだろうか？　負の所得税には、「制度を簡素にできる」「選別のコストが掛からない」「あらゆる人々を余すことなく生活保障できる」という少なくとも三つの利点がある。

だが、負の所得税を導入するには、重い病気や障害を持った人だけでなく、怠け者にも給付することが正当化されなければならない。繰り返しになるが、そうした問題については第5章で詳しく論じたい。

２・３　所得税以外の財源

相続税の増税は正当化できるか？

税率を25％引き上げるという先の構想は、お金持ちの負担が重くなり過ぎなので、実現が難しいかもしれない。現在の最高税率は45％で、25％を足すと70％にもなる。

１９７４年当時の最高税率は75％で、70％はそれに比べれば低いが、一度引き下げたものを元に戻すことには大きな政治的困難が伴う。

そこで他の財源も考える必要が生じるのだが、その最有力候補は相続税だろう。乱暴な話かもしれないが、相続財産は国民の共有財産と解釈することもできる。所有者が亡くなったら、所有権は誰のものでもなくなると考えることも可能だからだ。日本では、起業家の堀江貴文氏や小飼弾氏が「１００％相続税」を主張している。つまり、相続財産は全て国が取り上げるということだ。

だが、１００％相続税は実際には効果を持ちにくい。なぜなら、生前贈与によって相続税を回避できるし、贈与税を引き上げたところで、贈与ではなく取引したことにするとか、会社の形で承継させるとか、幾らでも抜け道が考えられるからだ。理念的にも、自分が努力して貯めた財産を自分の子々孫々に相続させる権利を奪う１００％相続税は、私的所有権の否定を意味するという反論があり得る。

私はこれらのことを考慮したうえで、１００％とまではいかないまでも、相続税率を大幅に引き上げるべきではないかと主張したい。

例えば、単純化して相続税を一律30％引き上げるものとしよう。現在の最高税率は55％なので、最高税率は85％となる。その税率が適用される資産家の子供たちであれば、15％の相続財産であっても十分遊んで暮らしていけるだろう。

相続財産は年間80兆円ほどであるから、増加する税収は24兆円となる。先ほどの試算では、64兆円の新たな財源が必要だった。そうすると、差し引き40兆円となり、それを所得税でまかなった場合、一律15％ほどの引き上げが必要となる。その場合、所得税の最高税率は60％となる。お金持ちのみなさんに、どうかこの税率を許容していただきたいところである。

固定資産税、資源税、ロボット税

トマス・ペインやトマス・スペンスが、人類の共有財産である土地にかける税金や地代を

ＢＩの財源に求めたことに倣《なら》うと、土地に掛かる固定資産税を増税することや、同じく共有財産であるはずの金属や石油などの天然資源に包括的な税をかけることも検討するべきだろう。

イランとは違って天然資源に恵まれていない日本では、自国で採掘できる資源に税を掛けてもほとんど収入にはならないが、輸入される資源に税金を課すことは可能である。

このような資源税を財源に持ったＢＩは、エコロジカルなＢＩということもできるだろう。資源のほとんどは、いずれゴミになるか、二酸化炭素を排出するものだからだ。

ゴミや二酸化炭素のような「バッズ」（グッズの逆で、マイナスの便益をもたらす財）に税金を課すことは、私的所有権を侵害する恐れのある所得税の増税よりは正当化しやすいだろう。

地球環境を汚染する者は、それ相応のペナルティを科されるべきだということだ。そして、その汚染によって被害を被るのはあらゆる人々であるから、資源税で得られた収入は、あらゆる人々にＢＩとして還元すべきだという理屈が成り立つ。

未来についていうと、ＡＩやロボットが人々の雇用を奪うようになり、それゆえにＢＩの導入が必要不可欠になるから、ＡＩ税やロボット税をＢＩの財源にすべきだという主張も妥当性を帯びてくるだろう。

だが、まず問題なのは、ＡＩとそうでないもの、ロボットとそうでないものを区別することは困難だということだ。検索エンジンはＡＩといえるか？　指紋認証システムはＡＩといえるか？　自販機はロボットといえるか？　等々。

仮に区別が可能だとしても、なおも問題含みだ。多くの企業が、今は「うちの商品はＡＩを組み込んでいます」と得意げに宣伝しているが、ＡＩ税を導入した途端に「うちの商品は、ＡＩなんてそんな大層なものを使っておりません」と謙遜し誤魔化すようになるだろう。

実際になるべくＡＩを使わずに商品を作るようになるかもしれず、企業努力を無駄な方向に向かわせてしまう可能性が高い。ビールに高い税率が課されているため、ビール会社が発泡酒の開発のような国民全体の利益にならない努力を始めたことを想い起こしてもらえれば分かりやすいかもしれない。発泡酒はビールに課される高い税率を逃れるためだけに開発された商品であり、こうした歪《ゆが》んだ税制が敷かれていなければ、その開発は必要なかったのである。

さて、ここまでの議論で、増税によってＢＩ導入が可能であることがある程度納得してもらえたと思う。だが、たとえそうだとしても、そもそも日本が財政危機に陥っているのであれば、まずは財政再建を急がなければならない。そうなると、ＢＩを導入する余裕などないということになる。本当に日本は財政危機に陥っているのだろうか？

2・4　日本の財政危機は本当か？

アベノミクス最大の失敗

２０１２年12月にアベノミクスが始まってから、約5年が経過している。その間、失業率は下落を続け、有効求人倍率は上昇を続けている。しかし、これは２００８年のリーマンショックによる急激な落ち込みから続くトレンド（傾向）であって、それだけでは格別アベノミクスに景気回復効果があったとはいい難い。

一方、就業者数（働いている人の数）は２０１２年までは低下ないし横ばい傾向にあったが、それ以降は増大している（図表7、76ページ）。安倍政権が発足した２０１２年を境にグラフが屈曲しているのである。

非正規雇用ばかりでなく、正規雇用も増大している。現在の人手不足は少子高齢化によって「生産年齢人口」（15歳～65歳の人口）が減っているせいだという指摘もあるが、そうであれば「労働力人口」が減少しているはずだが、そうはなっていない。[*9]

「労働力人口」というのは、「就業者数」（働いている人の数）と「失業者数」（仕事を探して

図表7　日本の労働力人口と就業者数

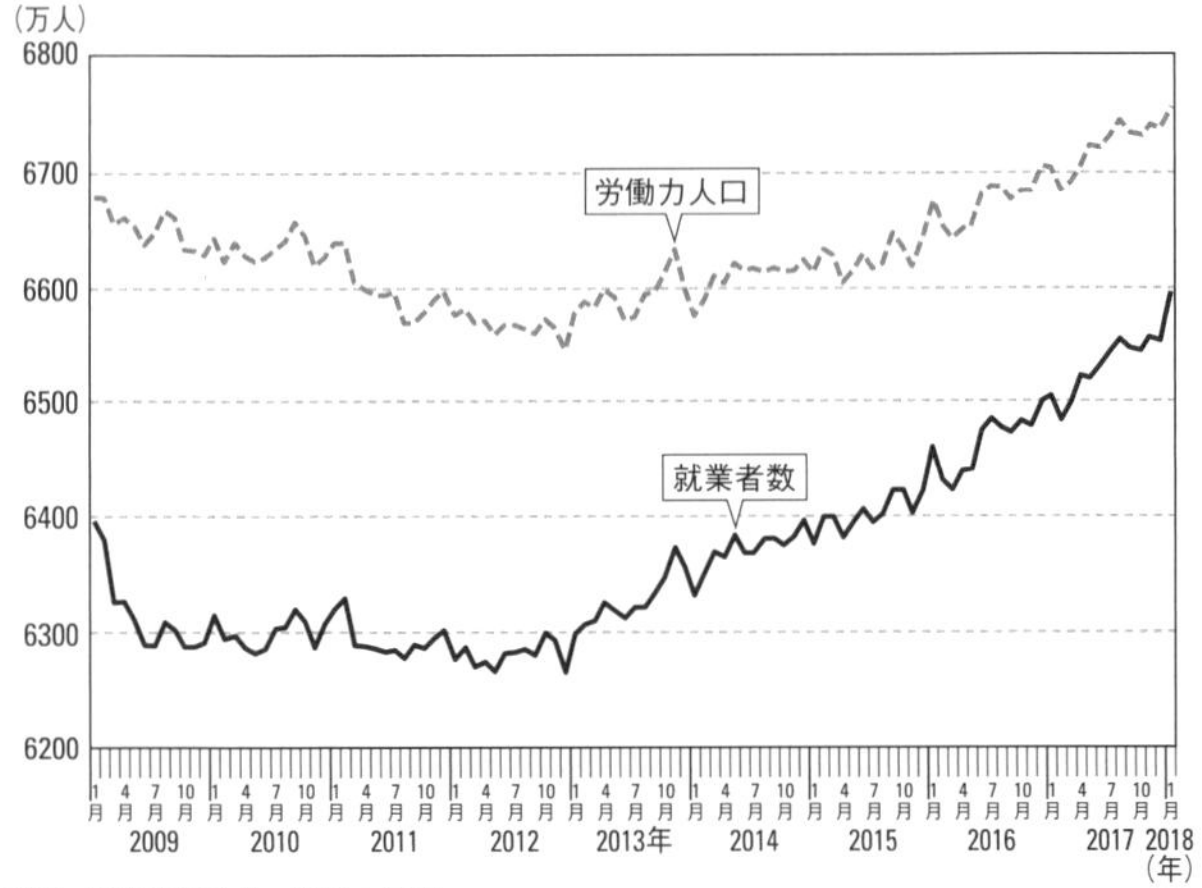

出所：総務省統計局　労働力調査

いる人の数）の合計であり、「労働供給」を意味している。これまで就職活動すらしていなかった人たちが、仕事があるからどんどん労働市場に出てきているのである。

つまり、少子高齢化により労働供給が減って人手不足になっているのではない。労働需要が伸びているがゆえに労働供給も伸びているが、後者の伸びが前者の伸びに追いついていないので、人手不足になっているのである。

このことから分かるように、雇用改善はアベノミクスの最大の成果といえるだろう。

その一方で、民主党政権下（2009～2012年）の実質成長率が年平均1・6％であるのに対し、第二次安倍政権下（2013～2017年）の実質成長率は1・4％であり、ややパフォーマンスが悪い。その理由としては、リーマンショック後の落ち込みの反動で２０１０年の実質成長率が約４％と突出して高かったことが大きいが、それとともに安倍政権下でＧＤＰの６割を占める民間最終消費支出が伸び悩んでいることも挙げられる。すなわち、家計がお金を使う額をあまり増やしていないのである。

特に、２０１４年に消費支出が急激に落ち込んでいるが、その理由は明白だ。２０１４年４月に消費税率を５％から８％に引き上げたためである。もしこの消費増税がなければ、消費支出はもっと高い水準で推移し、安倍政権下の実質成長率ももっと高くなっていたはずだ。したがって、消費増税こそがアベノミクス最大の失敗だといえるだろう。

ところが、今また同様の失敗を繰り返そうとしている。それが、２０１９年10月に予定されている消費税率の8％から10％への引き上げだ。こんなことを繰り返していたら、私たちは永遠にデフレ不況から脱却できないかもしれない。失われた20年が、30年や40年になる可能性すらあるのだ。

財政再建を放棄せよ

消費税を増税するのは、もちろん財政再建のためだ。現在、テレビや新聞などあらゆるマスメディアが、日本が財政危機にあり財政再建が必要であることを政策論議の大前提としている。しかし、それこそが亡国への道であり、この大前提を疑うところから議論を始めるべきなのだ。

財政再建といっても色々な定義やアプローチがある。私の主張をより正確にいうと、「プライマリーバランス」の黒字化を目指すという形での財政再建を、さしあたり放棄すべきということになる。

「プライマリーバランス」は、「政府の収入」である税金から「政府の支出」を引いたものだ。ただし、ここで言う「政府の支出」には、国債の償還分（借金の返済分）は含まれない。

このプライマリーバランスが赤字（マイナス）であれば、入ってくるお金よりも使っているお金の方が多いわけだから政府の借金は増大する。逆に、プライマリーバランスが黒字（プラス）であれば、使っているお金よりも入ってくるお金の方が多いわけだから借金は減っていく。財政再建のためには、プライマリーバランスを黒字化すべきだというのは自然な主張だろう。

ところが、プライマリーバランスの黒字化のために増税していたのでは、デフレ不況から脱却できない。増税する度に消費需要が減退し、景気が悪くなるからだ。

図表8　政府債務残高と日銀保有国債の残高

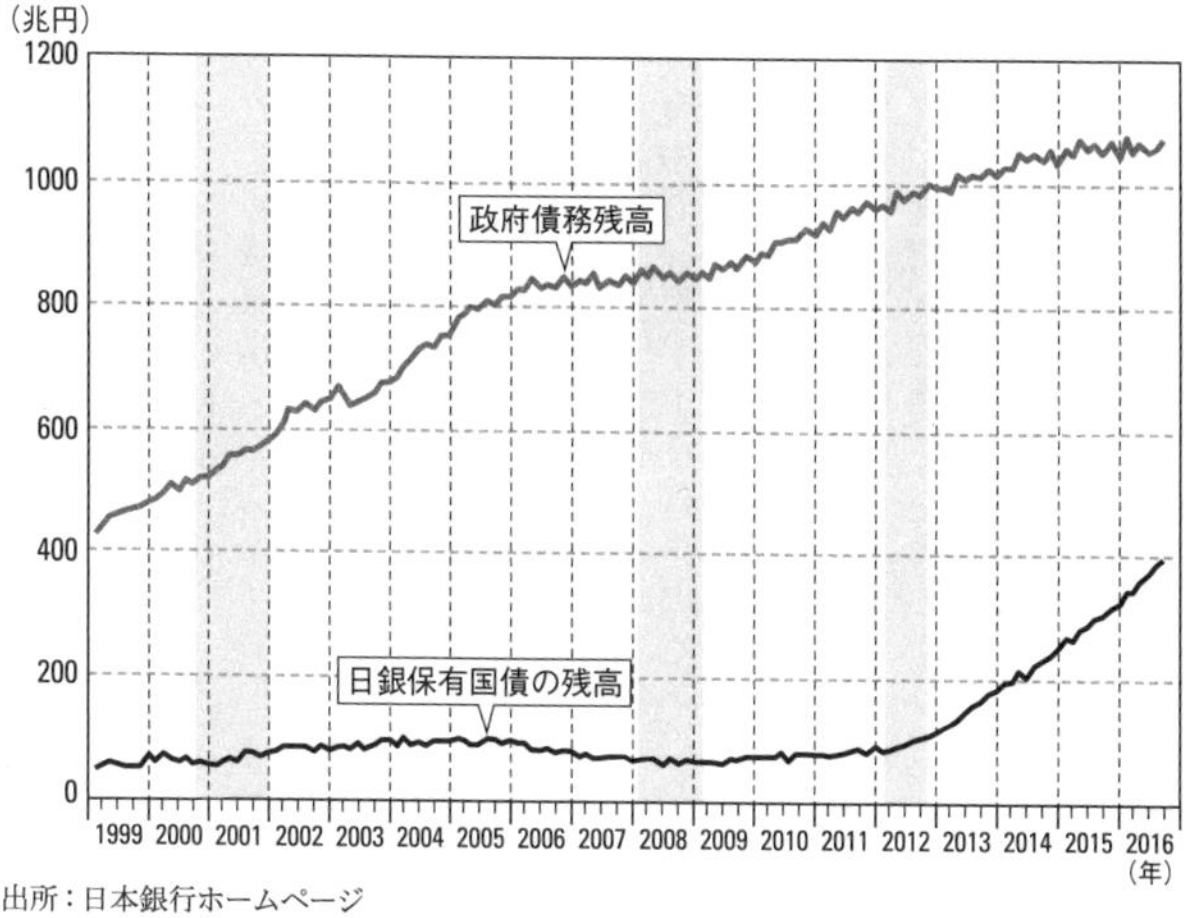

出所：日本銀行ホームページ

そうだとすると、私たちはジレンマに追い込まれていて、財政再建とデフレ不況脱却は両立不可能であるかのようにも思える。だが、そうではなく両者は両立可能だし、財政再建はある意味では既に終わっている。

現在、政府の借金は約１１００兆円と確かに莫大であるが、政府の発行した国債のうち、４００兆円強は日本銀行が保有している（図表8）。つまり、政府の借金のうち、４００兆円強は日銀に対する借金なのである。

プラス金利であれば、政府は日銀に利子を払わなければならないが、そうして日銀が儲けた分は結局政府に上納される。政府が日銀に対して負債を抱えていることは、借金としての実質的な意味はなんらないというわけだ。

財政再建は必要ない

そもそも、政府と日銀はどちらも国の機関のはずだから、たとえていうと、これは家族の中でお父さんがお母さんに借金しているようなものであり、家族が他から借金しているわけではない。政府と日銀をひとまとめに家族のように見なした場合、その借金は1100兆円から400兆円を差し引いた700兆円となる。

政府と中央銀行をひとまとめにしたものを、経済学の用語では「統合政府」という。国の借金は、これら二つの機関を合わせた「統合政府」の借金として考えるべきであろう。つまり、政府の借金が1100兆円であるのに対し、国の借金は700兆円というわけである。

図表9のように、日銀は金融緩和政策を実施する際に、「買いオペレーション」（買いオペ）といって、国債を民間銀行などの金融機関から買い入れ、その代金を発行したお金で支払う。要するに、貨幣と国債を交換している。[*10]

紙幣は、正式には「日本銀行券」といわれており、形式上は日銀の債務証書だ。それゆえ、買いオペをしても、「国債という政府の債務証書」を「紙幣という日銀の債務証書」に変換しているだけで、統合政府の借金額は変わらないのではないかという批判がしばしばなされている。

　しかし、紙幣は確かに形式的には債務証書であるが、実質的にはそうではない。元々、紙幣（銀行券）は金《きん》などの貴金属を預けた際に受け取ることのできる「預かり証」が起源だ。その預かり証を持って行けば、貴金属を返してもらえた。つまり、債務証書としての役割を果たしていたのだ。その後、この預かり証が商品の売り買いに使われるようになって、紙幣となったのである。

　戦前の金本位制の時代であれば、紙幣を日銀に持って行ったら金と交換することができたので、まだ債務証書としての役割は残っていた。しかし、現在では管理通貨制度を採用しており、紙幣を金に交換してもらえるわけではない。紙幣は、つまり国家の信用以外のなんらの裏付けもなく流通しているのであり、債務証書としての役割はない。

　それに、もし紙幣を債務証書と見なし、借金は返

図表9　買いオペレーション

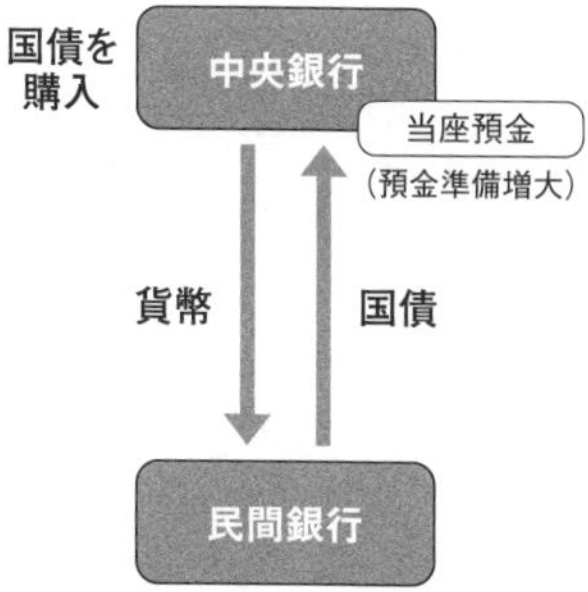

さなければならないものであるとするならば、この世から紙幣を一切なくすべきだということになる。そうすると、市場経済が崩壊して、多くの人々が餓えて死ぬことになる。

したがって、紙幣を実質的には債務証書と見なさないほうが健全で、そう見なす考えは経済と社会を破滅させかねない危険思想となる。

国の借金はいずれ消滅する

国の借金が700兆円である一方、政府の資産もちょうど700兆円近くある。つまり、国の純債務は約ゼロ円なのである。それをもって財政再建完了と考えることもできる。

だが、政府資産の全てを売り払い借金を完済するというわけにはいかない。それに、今はゼロ金利（ないしマイナス金利）だから国の借金があっても利払いは存在しないが、プラス金利になれば利払いが生じるので国の負担となる。結局は、国民が税金という形で負担しなければならなくなる。

したがって、政府の資産はあてにせずに、700兆円の借金を減らす必要がある。だが、これは簡単な方法で解決することが可能だ。ゼロ金利である今のうちに、日銀は買いオペによって市中の国債を回収しておけば良いのである。

現在、年に60兆円のペースで日銀は国債を買い入れており、その一方でプライマリーバランスは約20兆円の赤字だ。それらの差し引きの40兆円だけ毎年国の借金は減り続けており、18年もすれば総額720兆（40兆×18）円の減少となる。

つまり、このまま18年も経てば、国の借金は完全に消滅するというわけだ。買いオペを行うと貨幣が増えるので、副作用としてインフレが起きるはずだが、幸か不幸か、インフレ率（コアCPIの上昇率）は2018年1月現在0・9％で、日銀が目標としている2％に届いていないし、当面届くような気配もない。

なお、私が重視しているインフレ率の指標はコアコアCPIであり、これは現在0・4％だ。コアCPIは、CPI（消費者物価指数）から、価格変動の激しい生鮮食品の価格を取り除いたものであり、コアコアCPIは、コアCPIからさらにエネルギー価格を除外している。

エネルギー価格が上昇して、コアCPIが上昇しても、それは「デマンドプル」の（需要の増大が牽引する）インフレではないので、コアCPIは景気の動向を示す指標としては妥当ではない。したがって、エネルギー価格を除外したコアコアCPIを参照すべきだろう。

2・5　貨幣発行益を財源としたベーシックインカム

ヘリコプター・マネーとは何か？

前述したように、現在、インフレ率（コアCPI）は0・9％で、日銀が目標としている2％に届いていない。そうであれば、世の中に出回るお金の量（マネーストック）をもっと増やすべきだろう。

デフレ不況からの完全な脱却を図るために必要なのは、政府が国債発行を財源に国民に対しお金を給付してマネーストックを増大させることだ。発行した国債はいずれ日銀が買い入れることになるので、実質的な借金とはならない。

こうした給付は経済学では「ヘリコプター・マネー」といわれている。空からヘリコプターでお金を降らせるように、政府や中央銀行が発行したお金を国民にばらまく政策だ。これは、一見いかがわしく思えるかもしれないが、負の所得税同様にフリードマンが提唱した由緒正しい政策である。

ヘリコプター・マネーは、フリードマンによって1969年に提唱されてから30年以上後の2002年に、後にFRB議長となるベン・バーナンキによって言及されて世界的に脚光を浴びた。中央銀行による国債買い入れと減税の組み合わせは、フリードマンのいうヘリコプター・マネーと同じ効果を持っていると述べたのである。

減税した分財政支出を減らさないのであれば、政府の借金は増大することになる。その際、国債を中央銀行が買い入れるのであれば、結局のところ中央銀行が国民にお金をばらまいているのと同じことになる。

なお、中央銀行による国債買い入れという「金融政策」と減税や財政支出の増大といった「財政政策」のコンビネーションは「財政ファイナンス」とも呼ばれている。財政ファイナンスは、ヘリコプター・マネーの一種として位置付けられる。この点については後ほど詳述する。

2015年には、イギリスの金融サービス機構（FSA）元長官のアデア・ターナーが、『債務さもなくば悪魔』でヘリコプター・マネーについて論じたので、再び注目を集めることになった。

ターナーがその著書で、中央銀行が保有する国債を永久債化するアイディアを示してから、ヘリコプター・マネーという言葉はとりわけ「回収されることのないお金をばらまく」という意味で用いられることが多くなった。

ところが、国債を永久債化することにそれほど意味があるとは思われない。そもそも統合政府の観点からいって、政府は中央銀行にお金を返す必要などなく、国債の償還期限が来ても借り替えれば良いだけのことだ。

ターナーは継続的な借り換えもヘリコプター・マネーを実現する別の方法として提案しているが、こうした借り換えは常に行われている。

お金の流れ

私の考えるヘリコプター・マネーの本質は、ターナーのものとは異なっており、お金の流れを変えることにある。図表10のように、通常お金は、以下の三つのステップを経て家計まで流通していく。

（1）買いオペ：中央銀行が発行したお金を民間銀行に対して供給する
（2）貸し出し：民間銀行が企業にお金を供給する
（3）賃金など：企業が家計に賃金や配当の形でお金を支払う

図表10　通常のお金の流れ

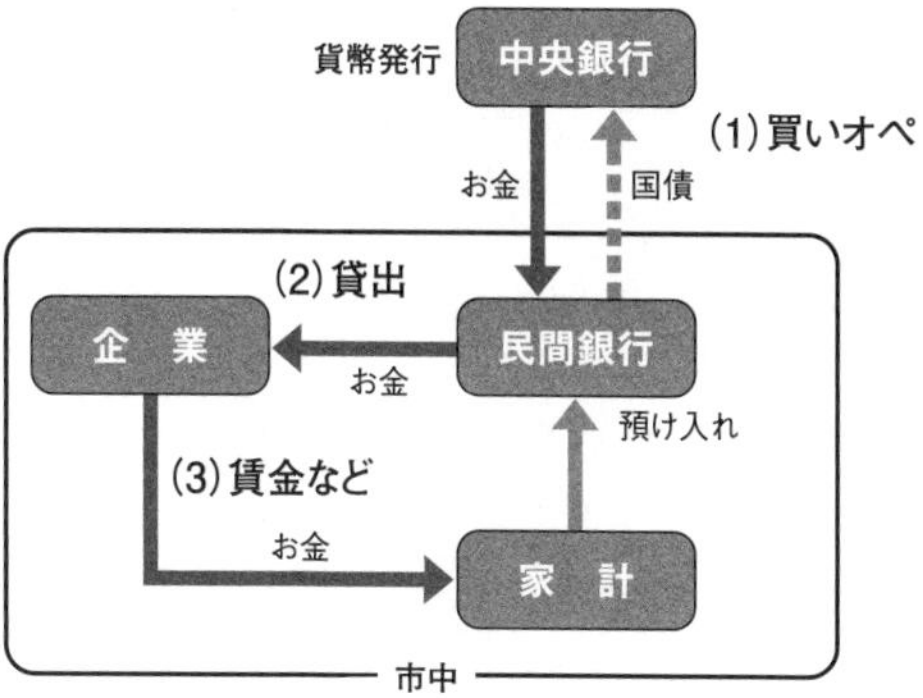

ところが、ゼロ金利下（マイナス金利下）では金融緩和政策の効果が極めて低くなり、貸し出しが十分に行われず、お金が市中に流れていかない。したがって、お金を別の経路を経て流通させる必要がある。

民間銀行から企業への経路が塞がれているのであれば、別の経路を開拓する他ないというわけだ。その経路は三つあり、ヘリコプター・マネーは「政府紙幣発行」「直接的財政ファイナンス」「間接的財政ファイナンス」の三つに分類できる。

政府紙幣発行

政府紙幣発行では、図表11（88ページ）にあるように政府から家計（企業の場合もあり得る）に

図表11　政府紙幣発行

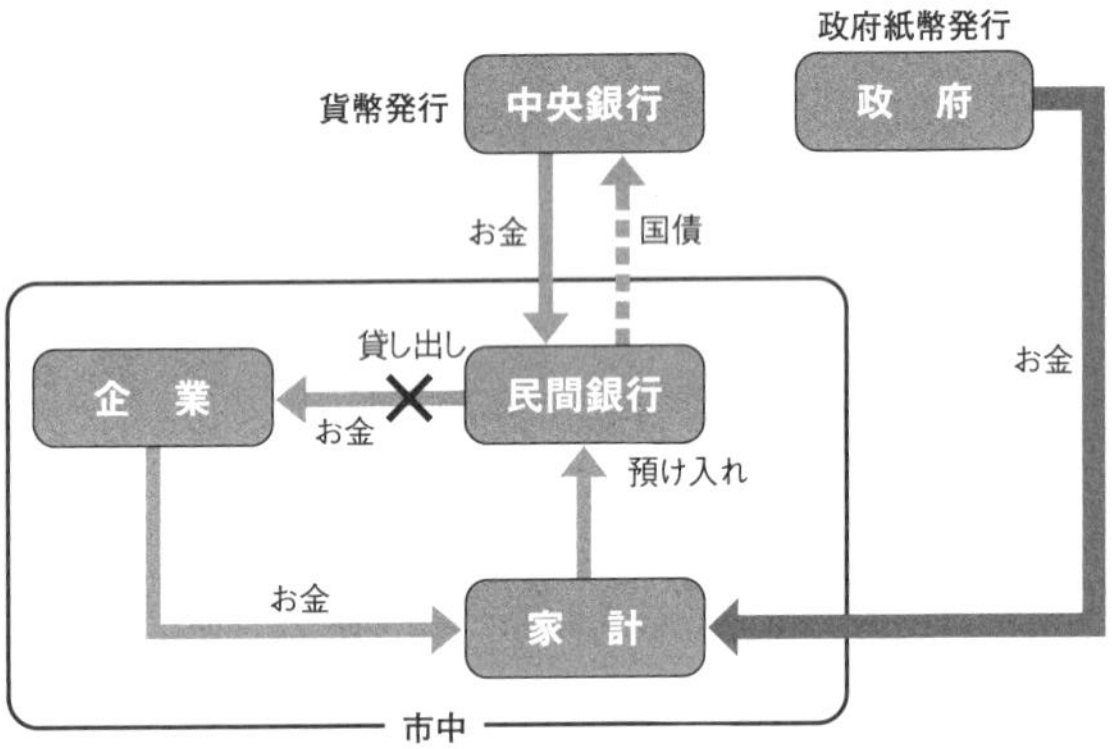

お金がダイレクトに流れていく。

　西暦1000年頃、宋朝の政府が交子《こうし》という最初の紙幣を発行して以来、中国では長らく、金朝の交鈔《こうしょう》、元朝の中統鈔《ちゅうとうしょう》、明朝の大明宝鈔《だいみんほうしょう》などの政府紙幣が使われ続けた。

　その後の清朝では、紙幣は発行されず銀本位制が採用された。宋朝で発案された政府紙幣という人類史上の画期的なアイディアは、中国の後の世に受け継がれることはなかったのである。

　日本でも、江戸時代に各藩が藩札という紙幣を発行し、明治政府も太政官札《だじょうかんさつ》や明治通宝《めいじつうほう》といった紙幣を発行した。

　だが、1882年（明治15年）に日本銀行が設立され、紙幣の発行主体は政府から中央銀行に転換し[*11]、それ以降現在に至るまで、日本で政府紙幣は発行されていない。

デフレ脱却の具体的な手段として、この政府紙幣発行は妥当だろうか？　一つには、政府が紙幣を発行するとなると、政府が国民の人気取りのために、あるいは軍備拡張などの財源にするために、とめどなく発行を行いハイパーインフレを引き起こすのではないかという批判があり得る。

次に、中央銀行と政府という二つの紙幣発行主体があることで混乱がもたらされるのではないかという批判が想定される。こうした批判があるので、ヘリコプター・マネーを実施するための手段としては、財政ファイナンスの方が現実的かつ副作用が少ないと考えられる。

間接的財政ファイナンス

財政ファイナンスとは、前述したように、財政政策と金融政策のコンビネーションだ。政府が財政支出のために発行した国債は、主に民間銀行が購入する。その国債を中央銀行が民間銀行から買い入れれば、結局のところ政府が日銀に借金していることになる。中央銀行が発行する貨幣が政府支出の財源となっているのだが、間に民間銀行が挟まっているので、このような政策は「間接的財政ファイナンス」と呼ぶことができる。

図表12　間接的財政ファイナンス

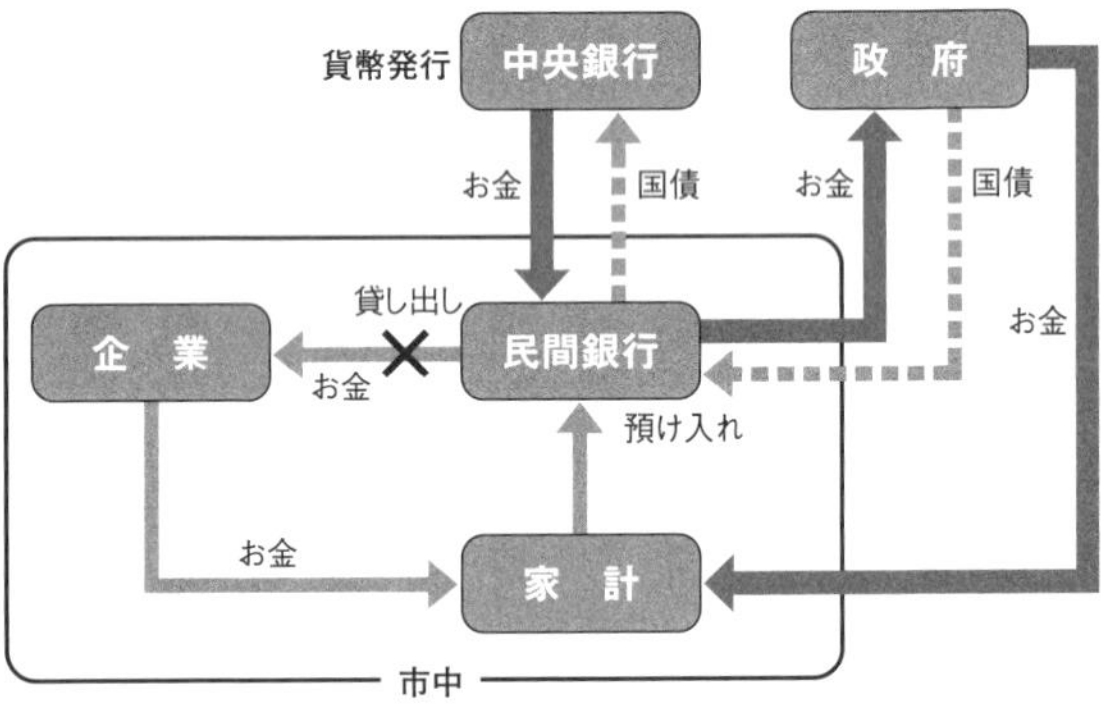

間接的財政ファイナンスとしてのヘリコプター・マネーは、図表12の太い矢印のようなお金の流れとして表される。特に中央銀行による国債の買い入れの部分は、「国債の貨幣化」（マネタイゼーション）としてとらえることができる。買いオペによって市中の国債を貨幣と交換するからだ。

ここで注意すべきなのは、国債の貨幣化は中央銀行の通常の営みであるということだ。金利政策であれ量的緩和政策であれ、緩和政策の手段は買いオペであり、国債の貨幣化は常日頃から行われている。

買いオペは世の中に出回るお金「マネーストック」を増やす基本的な手段であり、長期的には経済成長に合わせてお金は増やし続けなければならないからだ。このような目的で増大させられるお金を「成長通貨」という。

発育過程で人間の身体が大きくなったのに、血液がそれに応じて増えていかないのであれば、貧血状態になってしまうだろう。

お金は経済の血液のようなものであり、経済規模（GDP）が大きくなってもお金が増えないのであれば、経済における貧血＝デフレ不況が発生してしまう可能性がある。それによって潜在的には成長可能である経済も、実際には成長が抑制されるということもあり得る。

他方で、政府が国債を財源に支出することも通常の営みであるから、財政ファイナンスそのものが特別な政策とはいえない。

間接的財政ファイナンスとしてのヘリコプター・マネーは、常に行われてきた政策だ。ただし通常、これは市中のお金「マネーストック」を増やすための主たる手段として機能しているわけではない。

通常は、図表10（87ページ）のようにお金は企業経由で流れていくが、この流れが滞っている場合に、ヘリコプター・マネーはマネーストックを増やすためのほとんど唯一の手段となる。

図表13　直接的財政ファイナンス

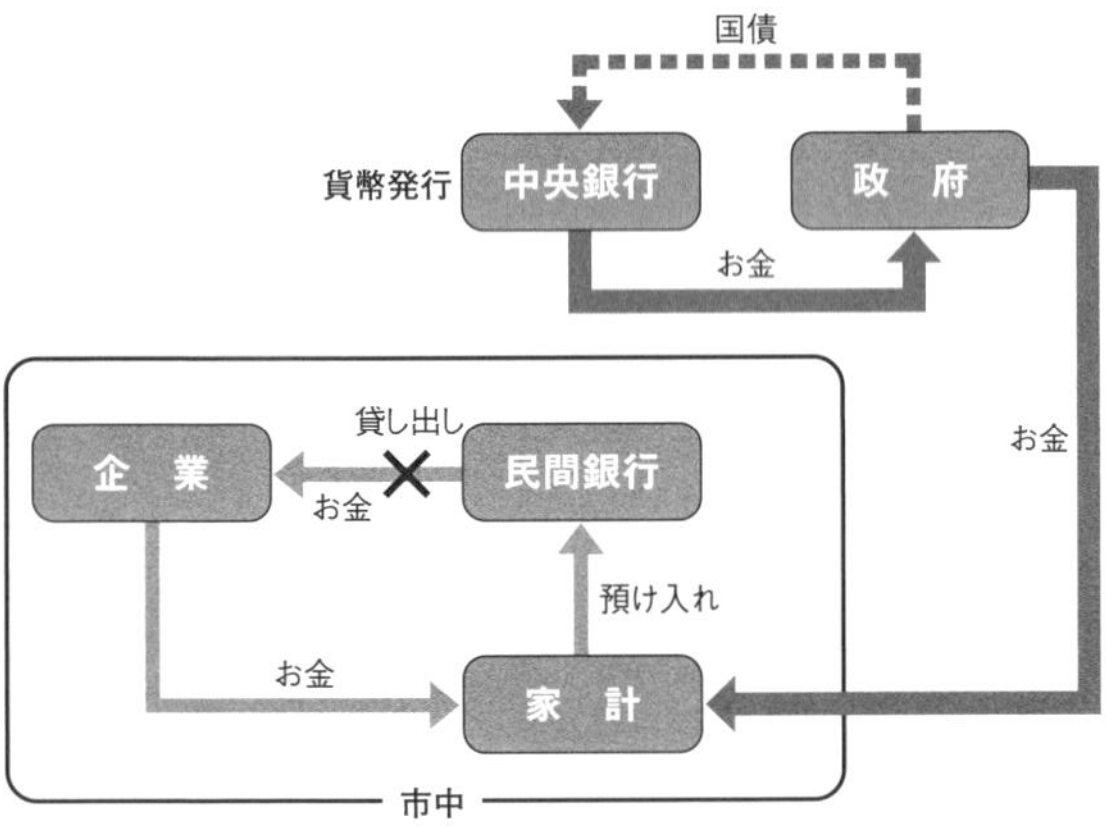

直接的財政ファイナンス

直接的財政ファイナンスは、図表13のように政府が直接中央銀行に国債を売り、それを財源に政府が財政支出を行うことだ。

直接的財政ファイナンスを行うには、中央銀行による国債の直接引き受けがなされなければならないが、これは日本では財政法第五条で基本的に禁止されている。

というのも、直接的財政ファイナンスが持続的に実施されると、政府紙幣発行と同様に、財政規律が失われ政府の支出がとめどなく拡張し、ハイパーインフレーションが引き起こされるのではないかと危惧されているからだ。

実際、1931年、当時大蔵大臣の高橋是

清によって導入された直接的財政ファイナンスは、軍事支出を減らそうとした是清が１９３６年に青年将校等に暗殺された２・２６事件の後、軍事費の財源として野放図に拡張された。

ただ、それは軍部が台頭したことと、直接的財政ファイナンスを制御するためのルールが整備されていなかったことが原因と考えられる。そのようなルールが整備されるならば、直接的財政ファイナンスはむしろマクロ経済政策の主軸になり得ると考えられる。

固定ＢＩと変動ＢＩ

いずれにしても、ヘリコプター・マネーとして政府が国民に対して一定額の給付を行うこともＢＩの一種として考えられるだろう。その場合の財源は、「貨幣発行益」となる。

「貨幣発行益」とは、政府や中央銀行などが貨幣を発行することで得られる利益を意味する。前述したように、一万円札の製造コストは一枚あたり約20円なので、残りの９９８０円が貨幣発行益ということになる。

私は、税金を財源としたＢＩとは別に、こうした貨幣発行益を財源としたＢＩも実施すべきだと考えており、前者を「固定ＢＩ」、後者を「変動ＢＩ」と呼んでいる。

「固定ＢＩ」は、最低限の生活を保障するためのＢＩを意味しており、安定した財源を必要とするので、税金を原資にするのが妥当だろう。額は短期的には変更されず、長期的な経済の動向に鑑みて、国会の議決を経て変更される。

一方、「変動ＢＩ」は景気をコントロールするためのＢＩであり、その額はインフレ率や失業率に応じて変動させる。デフレ不況が続けば変動ＢＩの給付額を増やし、逆にインフレ好況が続けばその額を減らす。

イギリスの経済学者でＢＩ支持者のガイ・スタンディングは、「安定化グラント」というＢＩ的制度を提唱している。これは、「景気循環のサイクルに合わせて給付額を変動させるタイプのベーシックインカム制度」[*12]だという。

変動ＢＩは、スタンディングのいう安定化グラントに類似している。ただし、私のいう変動ＢＩは、貨幣発行益によってまかなわれるべきだと考えられている。別のいい方をすれば、これはヘリコプター・マネーをベースにしたＢＩである。

実施方法は、さしあたり間接的財政ファイナンスでも構わないが、最終的には、中央銀行が政府から直接国債を買い入れることが望ましい。実際のインフレ率が目標のインフレ率よりも低ければ国債の買い入れ額を増やし、高ければ買い入れ額を減らすのである。

政府は買い入れ額を国民の人数で割って、漏れなくそのお金を変動ＢＩとして給付する。

そのためには、貨幣発行益を軍備の増強や道路の建設など他の用途には費やさないというルールが必要となる。

もし、政府がこのような直接的財政ファイナンスを用いて貨幣発行益をいつでも財源として利用できると考えてしまうのであれば、財政規律が緩み、ハイパーインフレーションを引き起こす可能性がある。

国債の買い入れ額は、あくまでも中央銀行によって決定されるべきだ。そうすると、中央銀行のこの決定にしたがって、変動ＢＩの額は自ずと定まってくる。結局のところ、中央銀行が変動ＢＩの額を変動させていることになる。中央銀行の独立性は守られるというわけだ。

私は、このような変動ＢＩによる景気のコントロールがマクロ経済政策の主軸となり、既存の財政・金融政策にとって代わるべきだと考えている。本格的にそのような政策を行うには、次章で述べるような貨幣制度の抜本的な変革が必要となる。

ＢＩ実現への道

日本が今すぐにでも導入すべきなのは、国債を財源にしたお金の給付である。既存の制度をとりあえずそのままにし、１年目には国民全員に毎月１万円の給付、２年目には毎月２万円の給付という形で、給付額を年々増大させていくようなロードマップが考えられる。目標額は例えば7万円である。もちろん、その国債は日銀が買い入れることになる。

仮に、この制度を2021年から開始するのであれば、2027年には7万円に達することになる。この過程でインフレ率が2％を大きく上回り続けた場合、財源を国債から税金に切り替える必要がある。こうして固定ＢＩの制度が確立される。

インフレが亢進した場合、金融引き締め政策も必要だが、この引き締めは国債を売ってお金を吸収する「売りオペ」という形ではなく、「法定準備率」の引き上げという形でなされるべきだ。法定準備率については、次章で説明する。

これらの過程と並行して、児童手当や雇用保険などを廃止するとともに、日銀の国債直接引き受けを財源にした変動ＢＩを導入すると私の考える理想の制度が完成する。それは、固定ＢＩと変動ＢＩからなる「二階建てＢＩ」ということができるだろう。

第3章

貨幣制度改革とベーシックインカム

銭まくど、銭まくど
銭まくさかい風流せい。仕事忘れて風流せい。
（隆慶一郎『一夢庵風流記』[*13]）

3・1　貨幣発行益をベーシックインカムとして国民に配当せよ

貨幣発行益とは何か？

前章では、ヘリコプター・マネーをベースにしたBIを実施する場合、財源は「貨幣発行益」になると述べた。「貨幣発行益」について改めて説明しよう。

「貨幣発行益」とは、政府や中央銀行などが貨幣を発行することで得られる利益のことである。例えば、一万円札の製造コストは一枚当たり約20円なので、残りの9980円が貨幣発行益ということになる。

実をいうと、中央銀行が発行する場合はもう少し複雑な議論が必要となるのだが[*14]、政府が貨幣発行する場合は明確である。例えば、1986年（昭和61年）に昭和天皇在位60周年記念金貨が10万円で売り出された。

この金貨に含まれる金《きん》の価値はおよそ4万円だった。この4万円と若干の鋳造費用を引いた残りの6万円弱が、政府の貨幣発行益だ。なお、この場合の4万円を貨幣の「素材価値」、10万円を貨幣の「額面価値」という。

中世のヨーロッパや江戸時代の日本で為政者は、コインのこのような額面価値と素材価値の差から盛んに貨幣発行益を得ていた。貨幣発行益は英語で「シニョレッジ」というが、その語源はシニョール（領主）である。貨幣発行益を得ることは、中世ヨーロッパにおいては封建領主の特権だったのである。

江戸時代の日本では改鋳《かいちゅう》によって、度々、小判（金貨）や丁銀（銀貨）の「品位」を低下させた。「品位」というのは、コインに含まれる金や銀の量のことだ。コインの額面をそのままにして含有量を減らし素材価値を下げることで、江戸幕府は貨幣発行益を得ていたのである。

江戸時代の勘定奉行、荻原重秀《おぎわらしげひで》は、小判の金含有量を3分の2に減らして貨幣量を1・5倍に増やす「元禄改鋳」を行った。額面は「一両」で変わらないわけだから、その分だけ幕府は貨幣発行益を得たことになる。

貨幣発行益の配当

このように、徴税力に乏しい近代以前の為政者にとって貨幣発行益は大事な財源だった。しかし現代でも政府は貨幣発行益を使うことができる。すなわち、政府の財源として「税金」「国債」以外に「貨幣発行益」が挙げられるのである。

これら三つのうち、国債はいずれ税金によって償還するか、中央銀行に買い取らせて貨幣発行益に変える必要がある。したがって、政府の恒久的な財源は、「税金」と「貨幣発行益」の二つだといえる。

第１章で、ＢＩには公的な収益の分配、つまり「国民配当」という側面があると述べた。イランとは違って天然資源の乏しい日本では、そのような国民配当が不可能であるかのように思える。

ところが、中央銀行を有するどこの国でも、貨幣発行益という公的な収益を分配することは可能だ。ダグラスが提唱した「国民配当」は、まさにこのような貨幣発行益の配当なのである。

貨幣発行益は、人類が手にできるほとんど唯一の打出の小槌であり、私たちはデフレ（ないしディスインフレ）下ではこの小槌を副作用なしに振ることができる。逆にいえば、ヘリコプター・マネーを実施しない政府と中央銀行は、国民のウェルフェア（厚生、幸福）を高める責務を怠っていることになる。

もちろん、そのような政策を無際限に認めれば、過度なインフレが引き起こされる。だが、

2〜4％程度の緩やかなインフレになるまでは、むしろヘリコプター・マネーを積極的に実施すべきであろう。

3・2　貨幣制度の変遷

貨幣制度は変遷する

今後、ビットコインのような仮想通貨が代替通貨として流通量を増していくにつれて、貨幣制度は否応なしに変革を迫られるようになる。歴史的にも貨幣制度は変遷を繰り返しており、現代の貨幣制度が進化の最終形態である保証はない。

私たちは「制度」というものを自然環境のように所与のものとして受け止めがちだが、制度は人為的な創造物に過ぎず、欠陥があればその変革を躊躇すべきではない。

私が「ベーシック・インカム地球ネットワーク」(Basic Income Earth Network, BIEN) の国際会議で発表した論文では、これまでの貨幣制度を「政府中心の貨幣制度」（Administration-centered Monetary Regime, Aレジーム）と「銀行中心の貨幣制度」(Bank-centered Monetary Regime, Bレジーム) に分類している。「中心」というのはここでは貨幣発行益を主に享受し、その使い道を決定するということを意味する。

Aレジームでは、政府（皇帝、君主などの主権者）が金属貨幣や紙幣を発行しており、貨幣発行益を得るのは政府自身だ。一方、Bレジームでは、中央銀行や民間銀行が紙幣や預金通貨を創造する。貨幣発行益を優先的に享受するのは、それらの銀行である。

さらに、Aレジームは「金属貨幣レジーム」と「政府紙幣レジーム」に分けられ、Bレジームは、金本位制、銀本位制などの「貴金属本位制」と「管理通貨制度」に分けられる。

政府中心の貨幣制度

近代以前では洋の東西を問わず、主要な地域では「政府中心の貨幣制度」（Aレジーム）が採用されており、多くの場合、それは金属貨幣レジームであった。

紀元前7世紀のリディア王国（現在のトルコの西部に位置する）で最初のコインであるエレクトロン貨が発行されて以来、長らく皇帝、君主などの為政者が直接、金属貨幣たるコインを鋳造し流通させていた。ところが、貨幣の材料である金や銀などの埋蔵量には限りがあるので、貨幣量を自由に増大させられない。

もし、経済規模が大きくなっても貨幣量が増大しなければ、貨幣不足が発生し経済が停滞する。実際、近代以前の経済は度々このような事態を招き、長期にわたる貨幣不足によるデフレ不況を経験している。

そのような貨幣不足に対する主な解決手段は、

(1) 紙幣のような信用貨幣の発行
(2) 貨幣改鋳
(3) 新たな金山や銀山からの採掘
(4) 輸出による金属貨幣の獲得（あるいは、金属貨幣の輸出禁止）

の四つである。

例えば、10世紀イスラム圏での銀不足は為替手形の利用によって、宋朝中国の銅銭不足（銭荒）は紙幣の発行によって、14〜15世紀ヨーロッパの貨幣不足（貴金属飢饉）は新大陸からもたらされた大量の銀によって、清朝中国の銀不足は輸出による銀の獲得によって、それぞれ解消されている。

そして、17世紀ヨーロッパの貨幣不足は、貨幣制度がAレジームからBレジームに転換されることによって克服されている。この転換が、ヨーロッパが勃興し産業革命を起こして世界を支配するに至った一つの要因となった。

銀行中心の貨幣制度の歴史

近代の貨幣制度である「銀行中心の貨幣制度」（Bレジーム）は、18世紀のイングランドで現代と同様の仕組みを形作った。近代的な銀行の起源は一般に、イングランドの「ゴールドスミス・バンク」にあるといわれている。

17世紀、イギリスの「ゴールドスミス」（金細工職人）たちは金《きん》を保管するための頑丈な金庫を持っていたので、人々から金を預かる業務、つまり預金業務を営むようになった。こうした業務を行う一種の銀行が、「ゴールドスミス・バンク」である。

金を預かる際にゴールドスミスが発行する預かり証「ゴールドスミス・ノート」は、やがて交換の手段として使われるようになった。つまり、この預かり証が紙幣（銀行券）として流通するようになったのである。

中央銀行制度が整備される前の時代では、イギリスやアメリカ、日本でも、各民間銀行がめいめい銀行券を発行し流通させていた。そういった状態を「フリーバンキング」という。

今でいうと、みずほ銀行が「みずほ紙幣」を、三菱ＵＦＪ銀行が「三菱ＵＦＪ紙幣」を発行するようなものだ。

一方、１６９４年に設立されたイングランド銀行は、後に中央銀行へと発展していくのだが、当初は政府への貸し付けを主たる業務とした民間銀行だった。ただし、イングランド銀行には政府への貸し付け額と同じ額まで紙幣（イングランド銀行券）を発行する権利が与えられた。ゴールドスミス・バンクから発達した一般の民間銀行は、やがて金ではなくイングランド銀行券を保有するようになり、さらにその銀行券の一部をイングランド銀行に預けるようになった。

こうして、預金の一部を準備金として保管する「部分準備制度」が自然に形成されたのである。同時にイングランド銀行は「銀行の銀行」として機能するようになり、自然と中央銀行としての役割を担うようになった。

イングランド銀行の中央銀行としての法的地位は、後から整備された。１８４４年に成立した「ピール条例」という法律により、イングランド銀行が紙幣の発行を独占することになり、イギリスのフリーバンキング時代は名実ともに終わりを迎えた。中央銀行のみが紙幣発行の権限を有する「銀行券集中発行制度」が制度化され、一般の民間銀行が紙幣を発行することはできなくなったのである。

さらにピール条例により、イングランド銀行は紙幣の発行額と同額の金を保有しなければならなくなり、紙幣と金の交換に応じることになった。すなわち、金を裏付けとして紙幣を流通させる金本位制（正確には金地金本位制）が確立されたのである。

イギリスで確立された金本位制を伴うこのBレジームは、欧米各国及び日本で採用されたが、それは資本主義の安定的な発展のために適していたからだ。

フランス銀行がナポレオンによって設立されたのは1810年で、銀行券発行の独占権を得たのは1848年のことである。ドイツでは中央銀行としてライヒバンク銀行が1876年に設立されたが、1920年代まではバーデン、ザクセン、バイエルンなどの各地域の銀行が並行して紙幣を発行し続けた。

日本では1882年に日本銀行が設立され、アメリカではかなり遅く1913年になって、中央銀行である連邦準備システム（FRS）が設立された。

時期にバラツキがあるものの、いずれの先進国の貨幣制度も、「部分準備制度」「銀行券集中発行制度」「金本位制」からなるほとんど同一の仕組みを持ったBレジームに収斂している。

銀行中心の貨幣制度の特徴

Bレジームは、「信用創造」によってマネーストックを増大させられるので、金属貨幣に基づくAレジームに比べれば、貨幣不足によるデフレーションを起こしにくい。

「信用創造」は、民間銀行がお金を作る仕組みである。銀行が貸し出しを行う際に、預金通貨というお金が新しく作られるのである。

例えば、図表14のように、世の中にAさんとCさんしかおらず、Aさんは100万円持っていて、Cさんは最初お金を一円も持っていないものとする。

次に、AさんがB銀行に100万円を預金する。B銀行はそのうちの10万円を金庫にしまっておいて、残りの90万円をCさんに貸し出した。この時、世の中にはなんと190万円のお金が存在することになる。

なぜなら、Aさんは100万円の預金を持っていると思っているし、Cさんは90万円の現金を保有しているからである。

もっといってしまうと、B銀行はいきなりCさんに5000万円を貸し出すこともできる。なぜなら、CさんがB銀行に保有する口座に5000万円と書き込めば良いからである。

図表14　信用創造

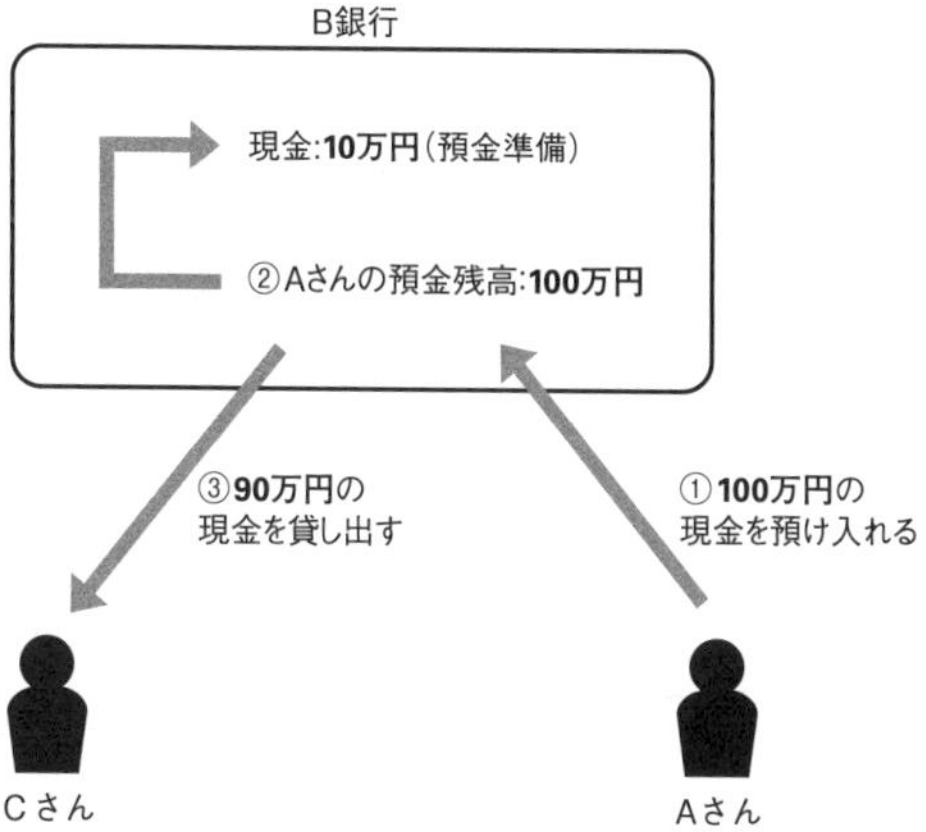

この場合、いきなり５０００万円の預金貨幣が創造され、世の中に出回っているお金「マネーストック」が増大したことになる。

奇妙に思うかもしれないが、Ｂレジームでは、誰かが銀行から借金をする度に、世の中のお金は増えていくのである。なお、先ほどの10万円を金庫にしまっておく代わりに、中央銀行の当座預金に預け入れるのが「部分準備制度」である。

預け入れたお金を「預金準備」といい、預金のうち、預金準備として中央銀行に預け入れなければならない割合は「法定準備率」という。現実には、信用創造は無際限にお金を作り出すことが可能だというわけではなく、この法定準備率によって制約を受けることになる。

話を元に戻すが、Ｂレジームでは、金属貨幣レジームよりもデフレを起こしにくい一方で、政府紙幣とは異なり貨幣発行益を政府が直接に財源として活用することができないので、インフレを起こしにくい。すなわち、近代以前における金属貨幣レジームと政府紙幣レジームの欠点がともに克服されているのである。

ただし、金本位制については、なおもデフレ不況を引き起こす傾向を持つために、１９３０年代の世界恐慌を機に脱却が図られ、管理通貨制度にとって代わられた。

この管理通貨制度は戦後の各国の経済にインフレ（クリーピングインフレーションないしギャロッピングインフレーション）をもたらし、デフレとは無縁であるように見えた。

だが、そのような見方は、平成不況の発生によって完全に打ち砕かれた。日本では、１９９１年以降経済停滞が続いており、１９９７年にはデフレに陥っている。それ以降、政府は一度もデフレ脱却を宣言できずにいる。

２００１年にはゼロ金利政策と量的緩和政策が導入され、途中２００７年と２００８年の２年間に中断があるものの、現在に至るまで実施され続けている。２０１３年４月からは黒田東彦《はるひこ》日銀総裁の下、「異次元緩和」と称する大規模な金融緩和政策が実施されているが、現在まだインフレ率は目標の２％には届いていない。
つまり、日本経済は未だに、デフレ不況から完全には脱却できずにいる。これは、Ｂレジームに支えられたこの経済システムの綻びによるものだ。次節では、Ｂレジームのこのような問題点について詳しく見ていこう。

３・３　銀行中心の貨幣制度の問題点

貨幣制度の欠陥は気づかれにくい

Ｂレジームは、貨幣制度が同時に金融制度でもあるような奇妙な制度だ。政府が紙幣を発行していた宋朝や金朝の貨幣制度は金融制度ではないし、幕府が貨幣を発行していた江戸時代の貨幣制度も、金融制度ではない。つまり、Ａレジームは、金融＝金貸しとはほとんど関係のない制度なのである。

ところが、Ｂレジームは銀行中心の制度であるがために、お金の貸し借りなしには貨幣が増大することのない制度だ。既に述べたように、紙幣（日銀券）を発行すれば、形式上は日銀が借金をしたことになるし、政府か企業が借金をしなければ、マネーストックは増大しない。

それにもかかわらず、Bレジームは現在主要国の多くで採用されており、あまりにも当たり前のように存在しているので、根本的な批判を受けることが少ない。異常な制度の下で暮らしている人々には、その異常さは気づかれにくい。日本で暮らしていれば、日本社会の奇妙な慣習が気づかれにくいのと同様だ。だが、外国人には分かりやすい。例えば、茶髪やパーマを禁じる高校の校則は人種差別にもつながる危険があり、その異常さは外国人には一目瞭然だ。

地球上で採用されている今のBレジームを異常と感じる私は宇宙人なのかというと、もちろんそんなことはないと自分では思っているが、ここでは読者のみなさんも宇宙人になったつもりで、この制度の欠陥について考えを巡らしてほしい。

私が見る限り、このレジームは「不況からの脱却の困難性」「貨幣発行益分配の不透明性」「バブルに対する促進性」という三つの欠陥を持っている。

不況からの脱却の困難性

通常のプラス金利経済では、日銀が民間銀行から国債を買い取る「買いオペ」を実施することによって金利が下落し、民間銀行から企業への貸し出しが増大し、マネーストックが増大する。

ところが、１９９９年以降の日本で出現したようなゼロ金利経済では、金融緩和政策を行っても金利をゼロよりも下げることができず、民間銀行から企業への貸し出しは増大しないので、マネーストックも増大しない（正確には、マネーストックの増大率が上昇しない）。

マイナス金利について考慮すると議論は少々複雑になるが、政策金利をゼロより下に大幅には引き下げられないうえに、企業への貸し出し金利はゼロ未満にはなり難いので、その限りでは同じ帰結となる。

つまり、ゼロ金利経済では通常の金融政策の効力は極めて小さくなってしまうのである。逆に、財政支出を増大させると民間銀行の信用創造がなされて、マネーストックが増大する。現在のように企業がお金を借りない場合、代わりに政府がお金を借りることによっても信用創造がなされて、マネーストックが増大するからだ。

プラス金利経済では、金融緩和政策こそがマネーストックを増やす政策だが、ゼロ金利経済では拡張的な財政政策こそがマネーストックを増やす政策となる。Ｂレジームの下では、このような奇妙なスイッチ（切り替え）が生じてしまう。

それゆえ前章で述べたように、ゼロ金利経済では財政支出を増大させるとともに、国債を吸収するために金融緩和政策を行う必要が生じる。つまりヘリコプター・マネーを行うべきだということになる。

ヘリコプター・マネーは、Bレジームが通常想定しないようなマネーストック増大の手段であるし、ゼロ金利は、中央銀行がもはや景気をコントロールし難く、インフレ率目標の達成に責任を持てない事態を意味している。そういった理由によっても、Bレジームからの転換が必要となるのである。

バブルに対する促進性

日本やアメリカ、ヨーロッパなどの先進諸国が軒並み成長率が1～3%程度に落ち着いているのは、それらの経済が定常状態にあるからだ。定常状態というのは、変化が止まった状態、あるいは変化率が一定になった状態を意味する。

それに対し、中国やインドの経済成長率が6%を超える高い率であるのは、それらの経済が定常状態に至る移行期（キャッチアップの過程）にあり、工業化＝近代化の真っただ中にあるからだ。

今の資本主義を私は「機械化経済」と呼んでいるが、この経済では「資本」と「労働」の

図表15　一人当たりGDPの推移

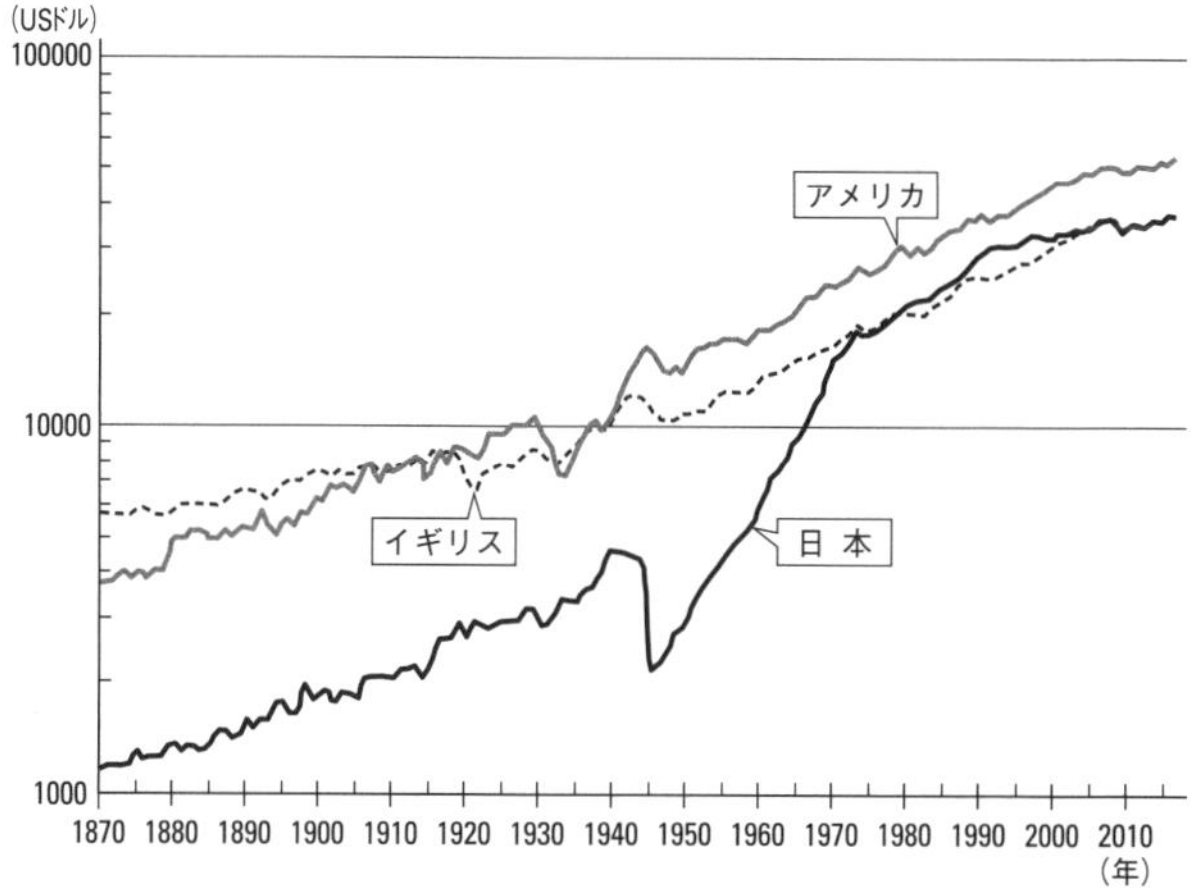

出所：Maddison Project Database, version 2018. “Bolt, Jutta, Robert Inklaar, Herman de Jong and Jan Luiten van Zanden (2018), “Rebasing ‘Maddison’ : new income comparisons and the shape of long-run economic development”, Maddison Project Working paper 10”

二つのインプットを必要とする。

「資本」というのは、経済学では機械などの生産設備を意味する。「労働」というのは、働く人々を意味している。つまり、人間と機械が協働して生産活動を行っているのが、機械化経済なのである。今日の中国やインドのように移行期であれば、資本を急激に増大させることで、劇的な成長がもたらされる。

図表15の日本のグラフに注目してもらいたい。１９４４〜45年にＧＤＰが急激に下落したのは、空襲によって資本＝生産設備が破壊されたからだ。そこから資本を急速に増大させることで、年率10％を超えるような高度経済成長が実現した。

ところが、1970年、イギリスの一人当たりGDPに追いつく頃には、かなり成長のスピードが弱まっている。資本蓄積が進むにつれて、資本の増大が生産力を増大させる効果が低下していくからだ。経済学では、これを「限界生産力逓減の法則」という。

要するに、今の日本のような先進国の経済というのは、資本蓄積が十分に進み、資本の限界生産力が非常に小さくなった経済なのである。

ただし、そのような成熟した国々でも、技術進歩によって主導される経済成長までが止まるわけではないので、1〜3%程度の低位とはいえ、ゼロではない成長率が得られる。

そして、このように資本蓄積が十分に進んだ先進国では、資金需要が少なくなり民間銀行の信用創造は起こりにくくなる。特に今の日本では企業は巨額な内部留保を抱えていて、銀行からお金を借りる必要はそれほどない。

一方でBレジームでは、銀行が企業にお金を貸さなければマネーストック、すなわち世の中に出回るお金の量が増えない。したがって、企業が資金を持てば持つほど、世の中に出回るお金の量が増えにくくなる。

こうした構造が背景にあるために、世界では資本蓄積が十分に進んでいる先進国を中心に、デフレもしくはディスインフレが起きている。

資本蓄積が十分に進んでいるということは、裏を返せば有効な投資先が少ないことを意味する。キャッチアップの過程では豊富な投資機会があるが、経済が成熟すると、投資機会が乏しい「富裕な社会」[*15]が到来する。

「富裕な社会」では、生産設備への投資の機会がより少なくなっているので、銀行が企業にお金を貸すとするならば、そのお金は実物投資にではなく土地や株式へ投機的につぎ込まれ、バブルが引き起こされる傾向が高まることになる。バブル崩壊は急激な信用収縮により不況を引き起こすので、不況を避けるためにはバブルをリレーのように繋いでいかなければならない。

アメリカは、バブルが萎《しぼ》み不景気になりそうになると、すぐに金融政策を発動して次のバブルを起こすというように、うまくバブルを繋ぐ「バブル・リレー」を行ってきた。2000年以降、アメリカで何度もバブルが起きているのはそのためである。

この二十数年、中央銀行が不況よりバブルに警戒的だった日本では不況が長く続き、バブルより不況に警戒的だったアメリカではバブルが長く続いた。

アメリカが、2007年の住宅バブル崩壊や2008年のリーマン・ショックを経た後でも、日本のような「失われた20年」に陥らなかったのは、バブルを恐れなかったからである。

日本もアメリカも、バブルなしでは景気が保ちにくいような経済構造に転換してしまった。いい換えると、Ｂレジームの下では、成熟した経済がバブルと不況の両方を回避することは困難なのである。

このレジームの下では、貨幣を主に創造するのは民間銀行であり、その後、企業、そして家計へとお金が流れていく。したがって、金融緩和政策によって景気を回復させようとしても、家計が消費需要を増大させる前に、民間銀行から貸し出されたお金がその他の金融機関や企業によって株式や土地に投機され、バブルを引き起こしてしまう。

その際のバブルは、自国のバブルとは限らない。２００１年から日本で導入されたゼロ金利政策及び量的緩和政策は、日本経済をデフレ不況から脱却させられなかった一方で、「円キャリートレード」（円で資金を借入れて行う資産取引）を通じてアメリカの住宅バブルを膨らませ続けた。

このように、過度な金融緩和政策は自国や他国のバブルを引き起こす可能性を持っている。つまり、Ｂレジームでは、不況からは脱却しにくいために過度な金融緩和政策を必要とするとともに、脱却に成功する以前に（あるいはそのすぐ後に）、バブルを引き起こしてしまう。

Ｂレジームを廃して国民に直接貨幣を給付するようにしたところで、バブルが消滅することはない。ただ、銀行などの金融機関や富裕層など一握りの経済主体にお金を集中させると、バブルが引き起こされやすくなり、お金を多くの人々に遍在させるとバブルが引き起こされにくくなるということはできる。

ケインズは、「平和の経済的帰結」という論説で

> まさに富の分配の不平等こそが、他の時代からあの時代を際立たせる途方もない固定資産の蓄積と資本の改善を可能にしたのである。人類の大きな利益のために、戦前の半世紀にわたって築かれた固定資本の膨大な蓄積は、富が平等に分配される社会には決して生じなかったであろう。[*16]

と述べている。

富裕層は貧困層よりも貯蓄率が高いという一般的傾向があるために、富裕層への富の偏りは、マクロ的な総貯蓄額（＝総投資額）を増大させ、急速な資本蓄積を可能にする。このような富の偏りは、近代化の過程では不可欠な原動力であるが、成熟した経済にあっては裏目に出る。

投資を有利にし、消費を不利にするこの偏りは、投資機会に乏しいこの時代にあっては不況とバブルの原動力となってしまう。逆に、より広く薄くお金をばらまけば、消費という実需を喚起させ、巡り巡って投資の実需をも増大させることができる。

貨幣発行益分配の不透明性

貨幣を主に創造しているのはどのような経済主体であろうか？　それは、日銀のような中央銀行ではなく、駅前のそこかしこにある民間銀行である。それゆえ、実は貨幣発行益の大部分は国民に還元されていない。

民間銀行は企業や個人への貸し出しの際に預金という貨幣を創造する。すなわち、銀行は信用創造によって預金貨幣を無から作り出し、そこから得られる貨幣発行益を基礎にして、営業利益を獲得するのである。民間銀行は、中世ヨーロッパのシニョールよろしくお金を創造する特権を与えられているために、貨幣発行益を享受することができる。

貨幣制度改革の提案者であるジョセフ・フーバーとジェイムズ・ロバートソンは、このような特権を民間銀行に対する「隠れた補助金」と呼んでいる。民間銀行だけが、貨幣発行益という甘い汁を吸う権利を国から与えられているという意味だ。

民間銀行から企業へ資金が貸し付けられ、企業が財を生産し、その売り上げの一部は賃金や株式の配当の形で家計へ渡されていく。あるいは、預金を持つ家計は、その利息を得るだろう。

したがって、家計もまた貨幣発行益のおこぼれにあずかり得る。しかし、現在の貨幣発行益の分配のされ方は、不透明で不確実で不当なものといわざるを得ない。

繰り返しになるが、今日本政府には１１００兆円の借金があるといわれている。そのうち60％くらいが銀行から借りたお金であり、信用創造によって作り上げられたお金である。もし、政府が自ら紙幣を発行するなどしてまかなえば、その分の借金は生じなかったはずだ。

無からお金を作り出すという意味では、政府が紙幣を発行しようが民間銀行が信用創造しようが同じはずだ。それなのに、政府は自らお金を作り出す権限を放棄しているがために、わざわざ銀行から借金をし、膨大な利子を支払わなければならなかったのである。

こんなバカバカしい話があるだろうか。銀行への利払いは国民の増税によってまかなわれるわけだが、銀行をタダで儲けさせるために、なにゆえに国民がそんな負担を強いられなければならないのだろうか。

なお、民間銀行が保有していた国債のかなりの部分が日銀によって買い取られ保有されている。現在、国債の保有割合は民間銀行が20％、日銀が42％だ。その分だけ民間銀行への利払いは減っているといえるし、日銀が国債を保有する分については政府紙幣を発行したのと同じことになる。

しかし、それでもやはり不当なのは、民間銀行は公的機関である政府から国債を買い、公的機関であるはずの日銀に国債を売るだけで儲けている点だ。

つまり、民間銀行は国債を右から左に動かすだけで儲けることができる。そして、そのような儲けを支えているのは、中央銀行が政府と分裂して存在している近代の奇妙な貨幣制度なのだ。

あるいはまた、私たちは住宅ローンとして銀行からお金の融資を受けることがある。しかし、それは部分的には権利上、タダで受け取れたはずのお金である。今の経済では法定準備率は低く（約1％以下）、銀行は大幅に信用創造を行うことができ、その分私たちの受け取れるはずの貨幣発行益は減らされてしまう。

逆に、銀行による信用創造が抑制されればされるほど、国民はより多くの貨幣発行益を受け取ることができる。民間銀行による信用創造を禁止するとともに、中央銀行が発行したお金を国民に直接給付すれば、銀行が融資しているお金の相当部分を国民はタダで手にすることができるようになる。

私たちは本来受け取れるはずのお金を受け取る代わりに、銀行からお金を借りてあまつさえ利子まで支払っている。そろそろ私たちは、自分たちのあまりのお人良しぶりに自ら呆れる時を迎えているのではないだろうか。

なお、この件に関して銀行家を糾弾するべきだと私は全く思っていない。銀行家自身がこうしたカラクリを理解しているとも限らないし、誰しも制度の許す範囲内で自分たちの利益を最大にしたいものだからである。人を糾弾することに労力を費やすよりも、制度を変えるための努力をすべきだろう。

貨幣発行益の全てを国民に還元するには、民間銀行による信用創造を廃止しなければならない。ダグラスはまさに民間銀行の信用創造を廃止し、貨幣発行益の全てを国民に配当するように提言している。

貨幣発行益を享受する権利は全ての国民が持っており、その公正な分配は国家の神聖な義務であろう。国民のものは国民のもとへ、神のものは神のもとへ納められるべきである。

3・4　国民中心の貨幣制度へ

貨幣の流れの逆転

貨幣発行益の直接的な享受は国民の正当な権利であるに留まらない。今、日本が陥っている経済問題の解決のためにも成されるべきだ。大部分の貨幣が民間銀行によって作り出されている現状では、その分だけ中央銀行による貨幣量のコントロールは難しくなる。バブルやインフレーション、デフレ不況などが回避し難いのである。

逆に、貨幣創造が中央銀行によって一元化されていれば、このような経済問題の解決はより簡単になる。さらには、貨幣発行益の国民への配当は、貧困問題を軽減する。貧しい生活を送っている国民は、かかる配当の分だけ貧しさから逃れられる。

そして、未来において現れるだろう貨幣制度を、私は「国民中心の貨幣制度」（Citizen-centered Monetary Regime, Cレジーム）と呼んでいる。

Cレジームの下では、例えば中央銀行のみがお金を創造し、政府を介してそのお金は国民にBIとして給付され、国民は全ての貨幣発行益を直接享受できる（図表13、92ページ参照）。

このレジームが実現すれば、貨幣の流れはまるきり逆転する。
すなわち、これまでの

中央銀行⟶民間銀行⟶企業⟶家計

という流れではなく、

中央銀行⟶家計⟶民間銀行⟶企業

という流れが生み出される。

ここで重要なのは、家計が民間銀行の位置にとって代わっている点だ。貨幣発行益を最も確実に享受する経済主体は、Ｂレジームにおいては銀行である。それが、Ｃレジームでは家計、すなわち国民となる。

貨幣創造の集権化

Cレジームは、中央銀行のみに貨幣創造の権限を持たせるので、いわば「貨幣創造の集権化」の方向にある。しかし、現状はむしろ銀行以外の経済主体が仮想通貨や地域通貨を発行する「貨幣創造の分権化」へ向かっている。

これは、オーストリアの経済学者フリードリッヒ・ハイエクの『貨幣発行自由化論』に沿った動きだ。『貨幣の脱国営化論』とも訳されているこの本では、公的機関による貨幣発行を廃止して、様々な民間経済主体が自由にそれぞれの貨幣を発行できるようにすべきだという提案が行われている。

このような分権化の方向でも、様々な企業や組織、個人が貨幣発行益を享受できるようになるので、「国民中心の貨幣制度」といえなくもない。しかし、「集権化」が所得の平等を志向しているのに対し、「分権化」が格差を助長する可能性のあることは、ビットコインの売買によって莫大な資産を築く者が現れている現状からも窺える。

したがって、私が望ましいと考える方向は「貨幣創造の集権化」の方である。旧ソ連のような社会主義国では生産活動の集権化が図られたが、その試みは失敗に終わった。生産活動は本来、個々の民間経済主体が分権的な意思決定に基づいて行うべきだが、それを封じてしまったからうまくいかなかったのだ。

それでは、貨幣創造もまた、民間経済主体が自由に行うべきだろうか？　商品開発とは全く異なって貨幣創造には、クリエイティヴィティはそれほど必要ない。したがって、そのような仕事を民間に任せるメリットはほとんど何もない。「円」や「ドル」のような、国が強制的な通用力を持たせた通貨である「法定通貨」については少なくとも、国が自ら責任をもってコントロールすべきだろう。

私が提案するＣレジームは、信用創造を禁止してヘリコプター・マネーを貨幣政策の主軸に据えようということであり、ほぼ純粋にヘリコプター・マネーのみで貨幣政策を行うということだ。

といっても、中国の宋朝や金朝の紙幣、フランス革命政府の発行したアシニア紙幣などの失敗から分かるように、政府紙幣はハイパーインフレーションを引き起こす可能性が高い。間接的財政ファイナンスは現在の制度下で既に実施されていることだが、ゼロ金利経済とプラス金利経済で効果が異なるうえに、民間銀行に不当な儲けを与えてしまう。

既に触れたように、直接的財政ファイナンス（つまり中央銀行による国債の直接引き受け）は、

1930年代の日本で軍事費の膨大な拡張をもたらした。しかし、これは大蔵大臣の高橋是清が暗殺されシビリアンコントロール（文民統制、政治家による軍のコントロール）が失われた後のことである。

もちろん、政治家が人気取りのために貨幣発行益を使うということも考えられるが、それを防ぐには、そのような使用を禁止するためのルールがあれば良いだけのことではないだろうか。

それは、先にも述べたような中央銀行が発行した貨幣は政府の国債と直接交換されるが、その貨幣を政府は一般的な財政支出に費やすことができず、そのまま家計に変動BIとして給付するというルールだ。

どれだけ国債を買い入れ給付するかは中央銀行の側が決定する。加えて、目標インフレ率2%とか3%といったインフレターゲティングが導入されていれば、ハイパーインフレーションが起こるようなことは考えにくいだろう。

100%準備制度

「100%準備制度」（100%マネー）は、アメリカの経済学者アーヴィング・フィッシャーによって１９３５年に提案された貨幣制度の改革案だ。この提案は、ヘンリー・シモンズやミルトン・フリードマンといったシカゴ大学を根城にする経済学者集団に支持されたので、「シカゴプラン」と呼ばれるようになった。

信用創造を禁止するということは、「部分準備制度」を廃止して「１００％準備制度」を導入するということを意味する。「部分準備制度」は預金の一部を預金準備として保有する制度だ。それに対し、「１００％準備制度」は預金の全てを預金準備として保有する制度である。

部分準備制度の下で法定準備率は１％や5％となり、１００％準備制度の下で法定準備率は１００％となる。これから景気が過熱する度に法定準備率を引き上げて、徐々に１００％に近づけていくべきであろう。

１００％準備制度を実現するということはまた、「預け入れ」であり同時に「貸し付け」でもあるような二重性を、預金から剥奪するということを意味する。図表16（１３０ページ）のように「預け入れ」と「貸し付け」が厳しく峻別されなければならないのである。銀行に預け入れられたお金は、丸々中央銀行に預金準備として蓄えられる。

１００％準備制度の下では、個人が銀行に預け入れるお金はあくまでも預け入れでしかな

図表16　100% 準備制度

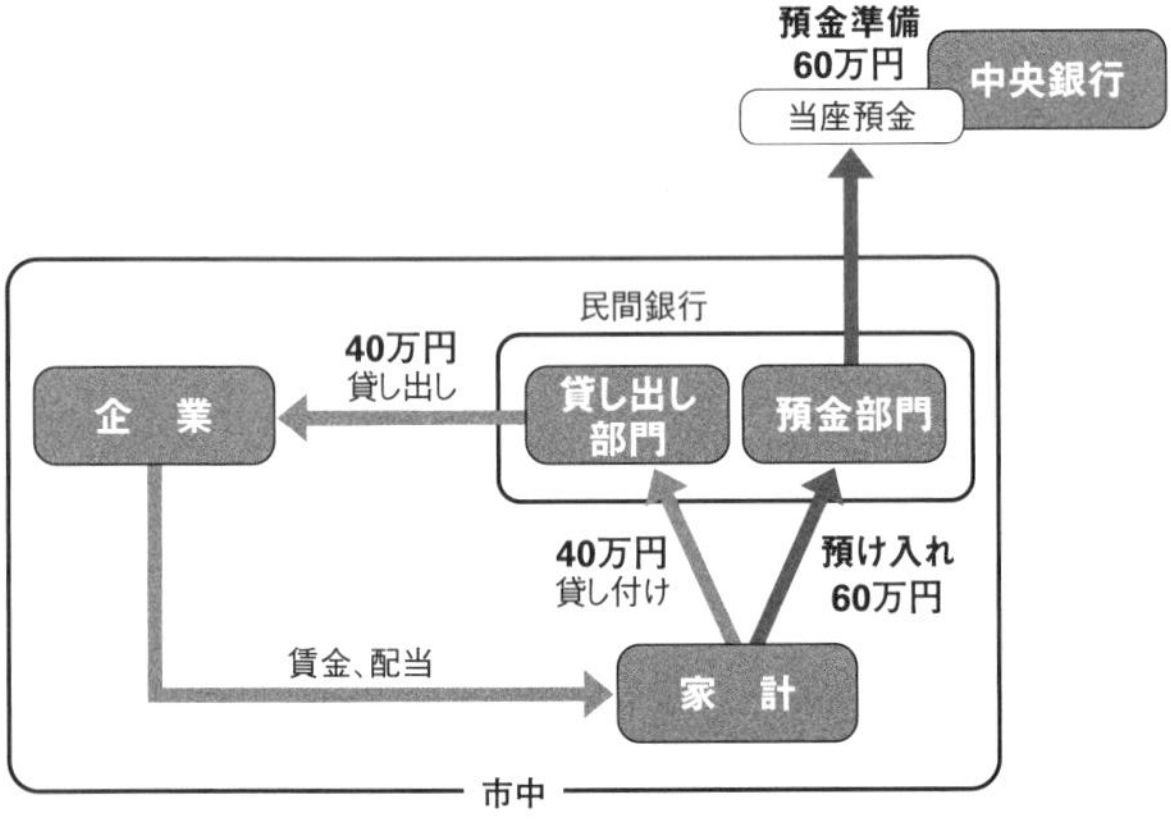

いので、銀行はその分のお金を全額保有しなければならないのである。

銀行はこのお金を企業に貸し出して利益を得ることができないので、預金者に利息を払うことができない。リスクを回避したければ低利子を甘受しなければならないのが金融の原則であり、リスクがない預金が無利子であってもそれは奇妙なことではない。

それどころか銀行は逆に保管料を要求するようになるだろう。しかしそれは銀行の正当な権利であって、金庫を買うよりも安い保管料であれば、私たちはそれを払わざるを得ない。

他方で、100%準備制度の下で、個人が貸し付けるお金はあくまでも貸し付けでしかない。それは元本が保証されず価値が丸ごと消滅する可能性もある。しかし、本来債券というのはリスク資産であり、リスクがあるがゆえに高い利子が支払われる。

これまでの「預金」というものは、リスクがなく流動性（いつでも商品と交換できるお金の性質）があり、利息が付くという金融の原則に反した奇怪な代物だった。「リスクなし」の部分はペイオフによって政府がサポートすることで成り立っていた。しかし、人々がリスクなしに不労所得を得るお手伝いをわざわざ国が行うこともないだろう。

それでも人々は、こうした「預金」といういいとこどりの道具を手放したがらないかもしれない。それを手放すだけのメリットはあるのかと疑問を抱くかもしれない。

預金口座を単なる金庫のような役割に格下げして、１００％準備制度を導入することの最大のメリットは、既に述べたようにその分だけ余計に貨幣発行益を国民に配当できるということにある。次に、景気変動の波が緩やかになるというメリットが考えられる。元々、１００％準備制度の導入が主張されるようになったのは、部分準備制度の下では、民間銀行の信用創造によってマネーストックが変動し経済が不安定になるからだ。

アメリカでは、リーマンショック以降、この「シカゴプラン」を含む貨幣制度改革に関する議論が再燃しており、ヘリコプター・マネーの提唱者であるアデア・ターナーもシカゴプ

図表17　マネーストックとマネタリーベースの増大率

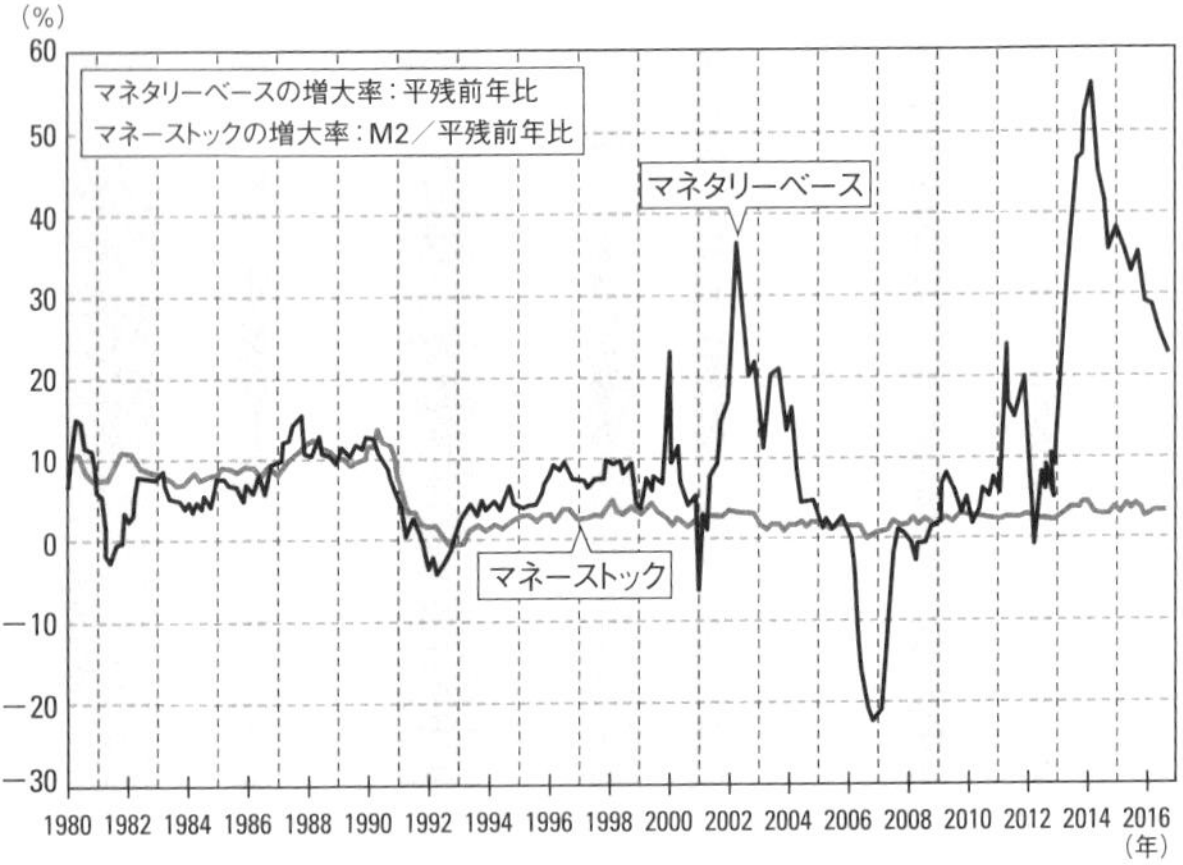

出所：日本銀行ホームページ

ランについて論じている。

信用創造が経済の安定に対して与える破壊的なダメージについては、日本人も既に目の当たりにしている。1980年代後半、信用創造によって生み出された貨幣が、実物投資にではなく土地や株式へ投機的につぎ込まれ、バブル経済が引き起こされた。

バブル期には、図表17のように「マネーストック」（預金＋現金）と「マネタリーベース」（預金準備＋現金）の増大率はともに10％を超えていた。日銀がマネタリーベースを適切に絞り込めばバブルを防げた可能性はあるものの、とにかくバブルは発生している。

続いてバブルが崩壊した1990年以降、銀行からお金を借りていた企業が土地や株式への投機から一斉に手を引きせっせとお金を返し始め、１９９２年頃にはマネーストックとマネタリーベースの増大率はともに０％を割っている。

銀行からの借金は信用創造を引き起こすわけだが、銀行への返済はそれとは逆のことを引き起こす。すなわち、お金が無から生み出されるのとは逆さまに、お金が無へと返っていくのである。そうして、急速にマネーストックもマネタリーベースも縮小し、「失われた20年」と呼ばれる長期不況が始まった。

バブル崩壊の過程においても、日銀がマネタリーベースの増大を図り金利を素早く下落させれば、その後の長期不況は防げていたかもしれない。あるいはその分だけ早く金利はゼロへと到達していたかもしれない。

いずれにしてもバブル発生からの30年間、日本人は信用創造というものに振り回され、少なからぬ人々が職を失い、生活を破壊され自殺に追い込まれてきた。こうしたことを考えれば、信用創造は諸悪の根源であるといっても良いかもしれない。

１００％準備制度を取り入れた場合、マネーストックはマネタリーベースと同じになる。そのためマネーストックは、直接政策当局によってコントロールできるようになり、諸悪の根源が取り除かれるだろう。

第4章

AI時代になぜベーシックインカムが必要なのか?

働け、働け、プロレタリアート諸君。社会の富と、君たちの個人の悲惨を大きくするために。

（ポール・ラファルグ『怠ける権利』[*17]）

早く奪えよ　働きたくない

（ネット掲示板2ちゃんねるの「ＡＩに仕事を奪われる↑これ」というスレッドの書き込み）

４・１　ＡＩは雇用を奪うか？　格差を拡大させるか？

第一次産業革命期の技術的失業

近頃、人工知能（ＡＩ）が雇用を奪うとか奪わないといったことが盛んに議論されている。歴史的には、ＡＩに限らず新しい技術はしばしば人間から雇用を奪っており、そのような失業は経済学では「技術的失業」と呼ばれている。

技術的失業は、資本主義が始まってからほどなくして発生している。第一次産業革命の際には、糸から織物を自動で織る機械である「織機」が、職人である「手織工」の仕事を奪った。失業を恐れた手織工は、１８１０年代に「ラッダイト運動」という機械の打ち壊し運動を行っている。ところが、技術的失業は結局のところ一時的な問題であるか局所的な問題に過ぎなかった。

織機によって労動力が節約されたので、それだけ綿布は安く供給できるようになった。その結果、下着を身につける習慣が広まるなどして綿布の消費需要は増大し、工場労働者の需要もむしろ増大したのである。手織工自身は生涯失業したままのこともあったが、その子供たちは工場労働者として働くことができた。あるいは、蒸気機関は織機の動力として使われるだけでなく、機関車の動力にも使われ、鉄道員や鉄道技師などの新たな雇用を生み出した。手織工の子供たちはそんな仕事に就くこともできた。

このような例からも分かるように、新しい機械の導入によって生産が効率化し、労働が節約されるからといって、経済全体で長期的に失業率が上昇するというようなことは歴史上起きたことがない。

絶えざる技術進歩が長期的に失業率を上昇させる可能性については、多くの経済学者が「労働塊《かい》の誤謬《ごびゅう》」として否定している。「塊」というのは「かたまり」という意味である。労働塊は「世の中で必要とされる労働力は一定のかたまりであり、生産が効率化したらその分だけ労働者は不要となり失業が増大する」といった考えであり、経済学ではこれは間違いとされている。生産が効率化したら、商品の値段が安くなりその商品の需要が増大するか、あるいは新しい商品が生み出されてその商品を作るための新たな雇用が創出されるからだ。

だが、これは新しい技術が雇用を奪わないことを意味しないので注意が必要だ。その辺を勘違いしたＡＩに関する記事を幾つも見かける。イノベーションはこれまで失業率の長期的上昇をもたらさなかったが、絶えず雇用を奪ってきたのだ。したがって、過去の歴史に鑑みたところで、ＡＩは雇用を奪わないということはできない。

技術的失業と労働移動

技術的失業は歴史上、枚挙にいとまがないほど繰り返し起こっている。例えば、20世紀初頭まで欧米では馬車が主な交通手段だったが、自動車の普及によって馬車とともにそれを操る御者という職業が一掃された。

「コンピュータ」はかつて、機械ではなく計算を専門にする人の職業名だった。日本語では「計算手」ということの職業も、電卓や機械のコンピュータが普及することによって消滅してしまった。

２０２０年に日本からほぼ確実に無くなる職業もある。２０２０年といっても、東京オリンピック・パラリンピックとは関係がない。それは、電気のメータを見てその使用量をチェックし電力会社に報告する「検針員」という職業だ。

２０２０年には「スマートメータ」という機械が日本のほぼ全家庭に普及し、それが自動的に電気使用量を電力会社に送信するようになる。すると、もはや検針員が各家庭のメータを見て回る必要はなくなる。ただし、ガスのスマートメータ化はもうしばらく掛かるので、ガスの検針の仕事は２０２０年以降も残り続ける。電気の方の検針に従事する人々は、２０２０年には解雇になると既にいい渡されている。だが、彼らの多くは失業したままでいるわけではなく、別の職業に転職するだろう。

技術的失業は、「労働移動」によって解消することができる。「労働移動」というのは経済学の用語で、ある業種から別の業種へ、あるいはある企業から別の企業へ労働者が移動することである。

だが、そうやって移動するから万事解決かというとそうでもない。一時的な失業といえども痛みが伴うという他に、もう一つ大きな問題がある。

アメリカでは事務労働が減っている

アメリカの経済学者エリック・ブリニョルフソンとアンドリュー・マカフィーによる『機械との競争』は、ＡＩが人々の雇用を奪うかどうかという議論の火付け役になった本であり、２０１１年にアメリカで出版されている。図表18は、この本のエッセンスを一枚の図にまとめたものだ。

まず、職業を単純化して、「肉体労働」と「事務労働」と「頭脳労働」の三つに分けて考

図表18　中間所得層の雇用破壊

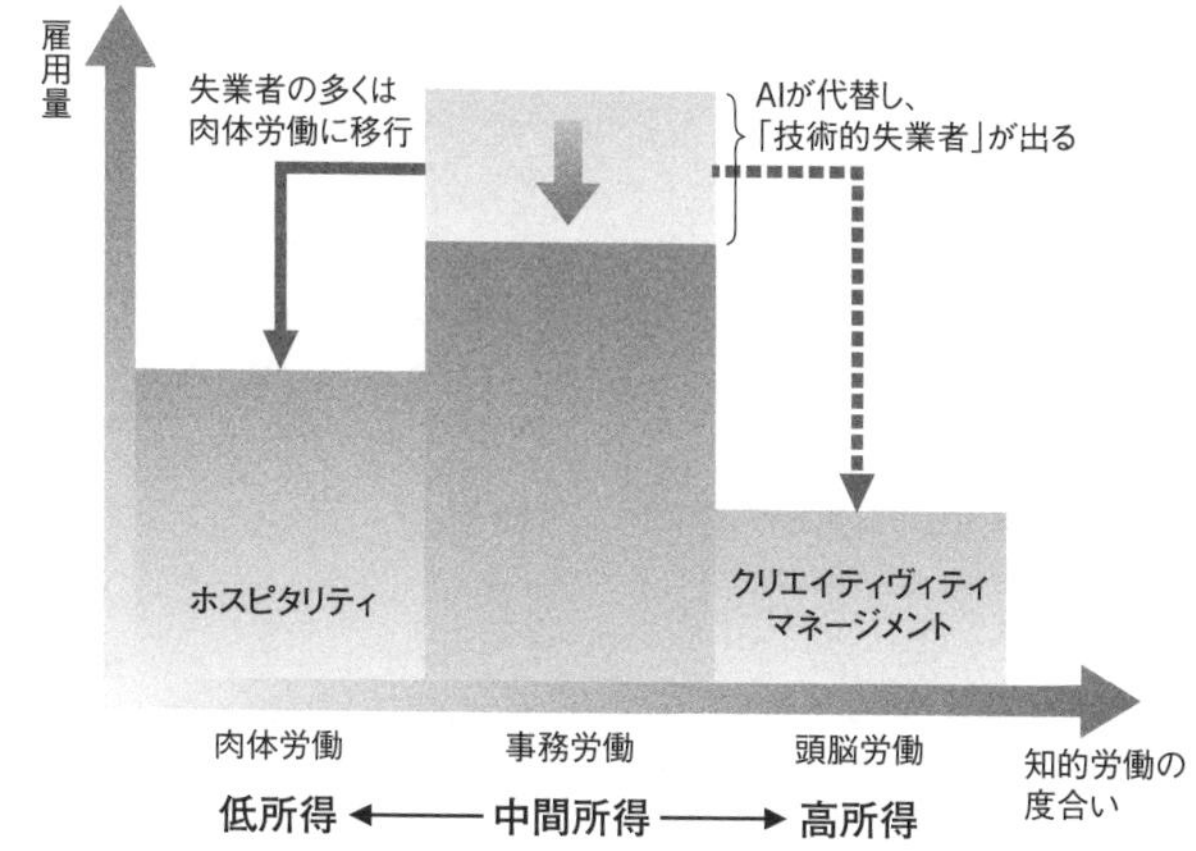

えよう。低所得層は主に「肉体労働」に、中間所得層は「事務労働」に、高所得層は「頭脳労働」にそれぞれ従事している。図の縦軸には、それぞれの職種の雇用量をとっている。

アメリカでは今、元々多かった事務労働の雇用量が、ＡＩを含むＩＴによって急速に減らされている。具体的には、コールセンターや旅行代理店のスタッフ、経理係などだ。

こうして技術的に失業した彼らが、頭脳労働の方に移動できれば所得が増大して望ましいのだが、頭脳労働は高いスキルが要求されるうえに、そもそも雇用量がそんなに膨大にあるわけでもない。それゆえ、彼らはたいがい肉体労働の方に移動してしまう。日本と同様にアメリカでも、介護スタッフや清掃員といった肉体労働の需要は高い。

「ＡＩが既存の雇用を奪ったとしても、ＡＩは新たな雇用を生み出すはずだ」というのは、ＡＩによる技術的失業を論じる際の今や決まり文句となっている。確かに、ＡＩの普及はＡＩの開発者ばかりでなく、ＡＩ導入のコンサルタント、ＡＩに教育を施すスタッフなどの雇用を作り出すだろう。

だが、ＡＩを含むあらゆるＩＴに当てはまることだが、ＩＴが奪う雇用は、ＩＴが増やす雇用よりも絶えず大きい。例えば、旅行サイトの構築・運営に携わる人員は、旅行代理店の人員より少ないはずだ。

そうでなければ、旅行サイトの方が旅行代理店よりも余計にコストが掛かるはずだが、実際には、旅行サイトの方が安くサービスを提供している。

もちろん、安くなったり便利になったりすることで、需要が増大し、雇用も増大する可能性はある。だが、旅行サイトの普及により旅行者がけた違いに増えたり、Amazonなどのネットの書店の普及で書籍の売り上げがけた違いに伸びたりはしていない。それに対し、必要な人員の方はけた違いに減っているので、全体としては雇用は減少せざるを得ない。

トランプ大統領とその支持者たちの敵

実際のところ、ＩＴに仕事を奪われた人々の多くは、システムエンジニアやＷｅｂデザイナーにはならない。むしろ、ＩＴとは関係ない介護や清掃などの昔ながらの肉体労働に従事する。

ここで問題なのは、中間所得層にいた人々が低所得層に移り低賃金化するということだ。実際、図表19（１４４ページ）のように、アメリカでは所得の中央値が今世紀に入ってから低迷している。所得の中央値というのは、99人の人がいたら彼らを所得順に並べて50番目の人の所得ということだ。つまり一般的な労働者の所得を意味しており、それが増えていないというのである。

それにもかかわらず、所得の平均値は上昇している。これは、一部のべらぼうなお金持ちがさらにお金を儲けて平均値をずり上げているからだ。当然、ビル・ゲイツのような人がいくら儲けたところで普通の労働者のふところが温まるわけではなく、中央値は上がらない。

ちょっと大げさないい方をすれば、今アメリカでは中間層が崩壊しようとしており、それがトランプ大統領誕生の背景にあると考えられる。

図表19　グレート・デカップリング
（1993年を100とした時の「一人当たり実質GDP」と「実質世帯収入の中央値」の推移）

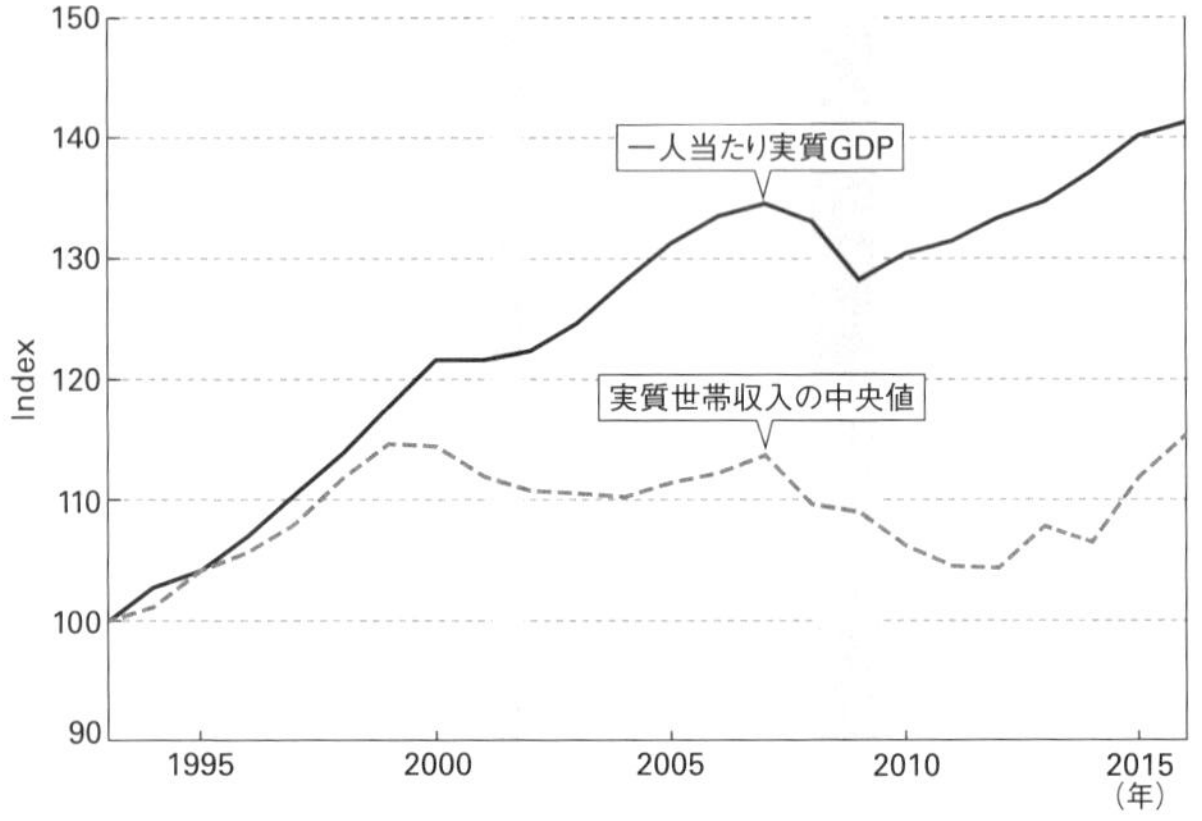

出所：セントルイス連邦準備銀行

トランプ大統領とその支持者たちは、移民が人々の仕事を奪っていると主張していた。ところが、経済学的な分析結果によれば、移民がアメリカの自国民の仕事を奪うということはそれほど起きていない。

要するに彼らは勘違いしていて、彼らの真の敵は移民ではなくＡＩだ。ＡＩを含むＩＴが人々の雇用を奪い、一般的な労働者を貧しくしている。

今のＡＩの延長上にある技術でさえも、一時的な失業者の増大や格差の拡大、貧しい人々の増大をもたらすことは避け難い。そうした生活の不安定化に直面した人々を中心に、ＢＩを待望する声は年々高まっていくだろう。

４・２　日本の雇用の未来

やはり事務労働は減少する

日本でもそのような事態が、アメリカよりは緩慢にだが、これから徐々に進行していくだろう。日本では終身雇用制の企業が多いので、今のところ目立ったＩＴによる失業は生じていない。

そもそも、終身雇用制の存在自体がＩＴの導入を遅らせている。どうせ人を解雇できないのならば、ＩＴを導入するよりも人を使い続けた方が安上がりだからだ。加えて、日本の経営者が比較的高齢であることもＩＴ導入を遅らせる要因となっている。

そんな日本でも、事務職は既に減らされており、人手がだぶついている。２０１７年の有効求人倍率の全業種平均が１・５倍であるのに対して、一般事務は０・３５倍だ。有効求人倍率というのは、一人の労働者に対してどれだけの企業が採用しようとしているかを表している。

単純化していうと、有効求人倍率が１倍を超えれば労働者の数以上に雇用の口があるので、基本的には全員が就職できることになる。それに対し有効求人倍率が0・35倍というのは、三人応募して一人くらいしか採用されない状況を意味する。多くの人々が、エアコンの効いた部屋で座って仕事をしたいと願っている。だが、そういう人気の職業である事務職こそがIT化しやすく、今後ますます雇用の口が減らされていく。

事務職が特にIT化にさらされているということには理由がある。それは、こういった職種では、「実空間」ではなく「情報空間」における作業が中心だということだ。「実空間」というのは、物体を運んだり動かしたり操作したりする現場を表している。「情報空間」はここでは、記号の操作や情報処理だけが行われている現場を示しており、必ずしも「デジタル空間」という意味ではない。ただし、情報空間の作業はデジタル化、つまりIT化しやすい。

事務職員は、基本的には物体を運んだり作ったりするわけではなく、帳面や書類を作ったりチェックしたりしていて、記号ないし情報を相手にしている。肉体労働が実空間における作業であるのに対し、事務労働はおよそ情報空間で閉じている。したがって、それらはITないしAIで置き換えられやすい。

実空間の労働を自動化しようとすれば、ソフトウェアとハードウェアの両方が必要だ。A

Ｉという頭脳部分だけでなく、動作するメカの部分も作らなければならない。

自動運転車についていうと、それをコントロールするＡＩ部分だけを作って開発が終わるわけではなく、当然、車体や外界を把握するためのセンサーなども開発されなければならない。それゆえ、その研究開発は二段階必要であり、長い時間を要する。

私はトラック運送業に従事する人たちに対し講演し、その後議論したことがあるが、彼らは「とにかくトラック運転手が足りない。誰か早く自動運転トラックを実用化してくれ」と悲痛な叫びを挙げていた。

だが、完全な自動運転車が世に出回るのは２０２０年代前半、自動運転トラックが登場するのは恐らく２０２５年くらい、ある程度普及するには２０３０年くらいまで掛かるだろう。つまり、２０３０年までにトラック運転手の人手不足が解消されることはないということだ。

このように、建設業、飲食業、運送業などの実空間を相手にする業種、つまり肉体労働を要する業種では、作業がきつい割には低賃金なので人手不足が深刻だが、こういった業種こそが機械による省力化が進みにくい。

今の日本では人手不足が続いており、ＡＩはそれを埋め合わせる役割を果たすから、失業をもたらすことはないと思われがちだが、話はそんなに単純ではない。

人手不足の職種・業種ではＩＴ化の進展が遅く、人手不足がなかなか解消されない。他方で、人手が余っている職種・業種ではＩＴ化によって失業がもたらされる。つまり、全体としてまだら模様になる。労働市場は、２０３０年くらいまで、こうしたまだら模様のまま推移するだろう。

銀行業は大失業時代を迎える

これから深刻な技術的失業の問題が生じるのは、職種でいえば事務職だが、業種でいえば金融業、特に銀行業だろう。

例えば、みずほ銀行は２０１７年11月に、この10年で行員の３割にあたる１万９０００人を減らす計画を発表した。新規採用を抑える形での自然減を企図しているとのことだが、実際には解雇に近いことも行われるだろう。

今でも、Amazon の普及で街角の書店が潰れて、書店の店員が失業するということは起きている。それも技術的失業の実例だが、書店は年中潰れているので大したニュースにもなっていない。しかし、銀行員のようなエリートと思われている職業で失業が発生したならば、人々はいよいよＡＩが雇用を奪う技術であることを否定できなくなるだろう。

つい２年くらい前まで銀行は新規採用に積極的で、「このＡＩ時代に行員を積極採用して大丈夫なのか？」と私はいぶかしく思っていたが、２０１７年になってからは抜本的な方針転換を図ったようである。

その背景には、「フィンテック」の普及がある。

「フィンテック」（Fintec）というのは、「ファイナンス」（金融）と「テクノロジー」（技術）という二つの言葉からなる造語で、「金融のＩＴ化」あるいはそのための技術を意味する。

銀行で今雇用を減らしつつあるのは、窓口よりも「バックオフィス」である。「バックオフィス」の行員は、窓口の裏手で、決済業務や書類作成、書類のチェックを行う。こうした業務が今急速にフィンテックによってＩＴ化しつつある。

続いて、店舗を減らすのに応じて、窓口業務も減っていくだろう。三菱ＵＦＪ銀行は、２０１７年10月に今後10年間に最大２割の店舗を削減することを発表している。

情報空間を相手にする業種は色々あるが、とりわけ銀行業を含む金融業がＩＴ化・ＡＩ化されやすいのは、それが主に数値を扱っているからだ。言葉とは違って、数値を扱うのは人間よりもむしろコンピュータの方が得意としている。

今のところ、ＡＩは言葉の意味を理解することができないので、言葉による表現やコミュニケーションが必要とされる労働を代替するのは難しい。

政治家が不倫したり、政治資金を不正に使ったりしてけしからんので、ＡＩに置き換えてしまおうという主張がネット上で盛んになされている。だが、言葉の意味が理解できない今のＡＩが、政治家の仕事を担うことはできないだろう。

ただ、日銀のような中央銀行の総裁は金利や貨幣量のような数値を扱っているので、比較的ＡＩに置き換えられやすいといえる。これは半分冗談で、特に「ゼロ金利政策」や「マイナス金利政策」のようなイレギュラーな政策を導入すべきかどうかの判断は、ＡＩには任せられない。

だが、金利がプラスであるような通常の経済では、基本的には金利の上げ下げだけを決定すれば良い。その点に限っていえば、ＡＩと呼ぶほどでもないごく簡単なプログラムでもそれなりに妥当な意思決定を行うことができる。いずれにせよ、それくらい金融業、とりわけ銀行業はＩＴ化・ＡＩ化しやすいということだ。

肉体労働が減っていくのは２０３０年以降

オックスフォード大学教授のカール・フレイとマイケル・オズボーンは、「雇用の未来」

という論文で７０２もの職業について、10～20年後にコンピュータなどによってオートメーション化されて消滅する確率をはじき出している。

図表20（１５２ページ）に、消滅する確率が高く、かつ日本人になじみのある職業を抜粋した。これらは全て消滅する確率が高いものと思ってもらいたい。ここには載っていないが、例えば医者は消滅する確率がかなり低く、０・４％ほどである。

図表20には、弁護士助手や会計士・会計監査役などの頭脳労働も見られるが、タクシー運転手や漁師、ウェイター・ウェイトレスなどかなり多くの肉体労働が失われる可能性が高いということが分かる。

レストランのコックの消滅する確率は96％でかなり高い。ロボットに料理をさせるのはかなり難しいだろうと私はかつて思っていたが、今年（２０１８年）にはイギリスのモーリー社が、モーリーという料理ロボットを発売する予定だ。

ロボットといっても二本の腕しかなく、壁からにょきにょきとそれらが伸びている。料理に足や胴体は必要ないので、その形状は合理的だ。

YouTubeで動いている映像を見るに、かなりエレガントな手つきで調理器具を扱うことができる。ただし、実際にこの映像通りに振る舞えるのかどうかは不明だ。

図表20　消滅する可能性の高い職業

職種	(%)
スーパーなどのレジ係	97
レストランのコック	96
受付係	96
弁護士助手	94
ホテルのフロント係	94
ウェイター・ウェイトレス	94
会計士・会計監査役	94
セールスマン	92
保険の販売代理店員	92
ツアーガイド	91
タクシーの運転手	89
バスの運転手	89
不動産の販売代理店員	86
警備員	84
漁師	83
理髪師	80
皿洗い	77
バーテンダー	77

出所：『週刊エコノミスト』2015年10月6日号をもとに作成

この料理ロボットモーリーは家庭用で、お値段はなんと９００万円ほどだ。誰が買うのだろうかと不思議に思うのだが、これを業務用としてレストランに導入するのであれば、大幅に費用が削減できるだろう。

仮にこのロボットが10年持つとすると、一年あたりのコストは90万円となり、人間のコックを雇うよりもかなり安くなる。

モーリーは新しい料理は創作できないが、レシピと材料さえ与えられれば様々な料理を作ることができる。実際、既に２０００種類もの料理のレパートリーがあるという。ファミレスやフランチャイズのレストランでは有効活用できるはずだ。

このように、図表20のリストに載っている職業は、難しそうに思えるものであっても、機械によって担うことが可能になりつつある。

ただし「雇用の未来」という論文は、これらの職業が機械によって技術的に代替可能になるといっているだけであって、実際に消滅するとまでは明言していない。技術的に代替可能であることが、ただちに職業を消滅させることを意味するわけではない。例えば、図表20のリストの一番上にレジ係がある。レジ係は、今でもセルフレジによって代替可能である。だが、あらゆるスーパーマーケットにセルフレジが導入され、レジ係が一掃されるということは起きていない。

これには二つ理由があって、一つには経営者が導入を面倒くさがったり、あるいは導入コストを負担できなかったりすることだ。もう一つは、消費者側がセルフレジを使いこなせないので忌避するということである。

あるレストランで注文のためのタッチパネル機を導入したら、常連のおばさんたちが「機械で注文なんて嫌だわ」といって店に来なくなってしまったという。こうした消費者側の理由によって、導入が進まないということは多々あり得る。

したがって、図表20のリストにある職業が10〜20年後に消滅することはないと私は踏んでいる。ただここで問題なのは、職業が消滅するかどうかではなく、雇用が減るかどうかである。

タクシー運転手や警備員のような肉体労働に関していうと、雇用が減り始めるのが、早ければ2025年、遅ければ2035年、平均すると2030年くらいからであろうと私は予測している。

では、今のAIの延長上の技術を組み込んだ機械によって、最終的にはどのくらいの仕事がなくなるだろうか？　フレイとオズボーンは、アメリカの労働者の47％が従事する職業が消滅するといっている。オズボーンとの共同研究に基づいてなされた野村総研の予測では、日本の労働者の49％が従事する職業が消滅するという。

これが直接、日本の労働者の半分が失業するということを意味するわけではない。新しい職業も生まれてくるし、残った職業に移動する人もいるからだ。

ところが、今のＡＩを遥かに凌駕するＡＩが出現すれば、失業者はもっと増大する可能性がある。人間並みの知性を持ったＡＩが出現したらどうなるだろうか？

４・３　人間並みの人工知能が出現したら仕事はなくなるか？

汎用人工知能の研究は既に始まっている

未来のＡＩが雇用に及ぼす影響を論じるには、ＡＩを「特化型ＡＩ」と「汎用ＡＩ」に分けて考える必要がある。
Siri やアルファ碁など、今の世の中に存在するＡＩは全て「特化型ＡＩ」であり、一つ、あるいは幾つかの特化されたタスクしかこなすことができない。Siri なら人間の問いかけや要望に対して応答するだけで、アルファ碁なら囲碁を打つだけだ。Siri に囲碁は打てないし、アルファ碁は人間と喋ることがない。

人間はいわば汎用的な知性を持っており、一人の人間が潜在的には囲碁を打ったり、会話をしたり、事務作業をしたりと、様々なタスクをこなすことができる。

そういう意味では、今あるＡＩは人間の知性に対し比較にならないほど劣っている。囲碁や将棋といった限定された領域で人間を打ち負かしたところで、人間の知能の持つ汎用性には遠く及ばないからだ。

汎用ＡＩは、そんな人間同様の汎用的な知性を持ったＡＩだ。すなわち、あらゆる状況で知性を働かすことができて、様々なタスクをこなし得る。

分かりやすくいうと、汎用ＡＩがロボットに組み込まれたら、鉄腕アトムやドラえもんのようなものになる。頼めば色々な作業をやってくれるし、のび太のような子供と遊ぶこともできる。

そんな人間と同じようなＡＩ、つまり汎用ＡＩを作りたいというのが、少なからぬＡＩ研究者の夢である。ＡＩ研究者の中には、社会の役に立つ技術を生み出したいという者もいる一方で、役に立つかどうかはどうでもよく、とにかく人間にそっくりな機械を作りたいという願望の持ち主もいる。

ＡＩ自体は20世紀からある技術だが、２０１０年くらいから急速に進歩したために、最近になってＡＩ研究者のそもそもの夢である人間並みのＡＩが実現できるのではないかという気運が醸成されてきた。

そうした中で、汎用ＡＩの世界的な開発競争が巻き起こっている。例えば、囲碁ＡＩのアルファ碁を開発した「ディープマインド社」の最終的な目標は、汎用ＡＩの実現だ。囲碁のチャンピオンを打ち負かしてご満悦というわけではない。

日本でも２０１５年８月に、汎用ＡＩの実現を目指すＮＰＯ法人「全脳アーキテクチャ・イニシアティブ」が設立された。ドワンゴ人工知能研究所所長の山川宏氏や東京大学大学院の松尾豊特任准教授、理化学研究所の高橋恒一氏といった日本を代表するＡＩ研究者が、この組織を率いている。

「全脳アーキテクチャ・イニシアティブ」は、２０３０年には汎用ＡＩ研究実現の目処が立つという展望を示している。同様に汎用ＡＩの開発を行っているチェコの企業「Good AI」もまた、２０３０年を実現目標においている。

汎用人工知能は根こそぎ雇用を奪うか？

２０３０年頃に汎用ＡＩ（と汎用ロボット）が出現するのであれば、それ以降、多くの人間の雇用が消滅に向かう可能性がある。

人間の知性は汎用的なので、潜在的にはいかなるタスクもこなし得る。人間の労働力は軟体動物のように自在に形を変えて、様々な職業に対応できるのである。

したがって、特化型AIが一つの職業を奪ってしまったとしても、失業者は他の職業に転職することができる。別のいい方をすれば、特化型AIは一つの職業（あるいはそのうちの一つのタスク）と代替的ではあるが、人間そのものと代替的なわけではない。

それに対し汎用AIは、汎用的な知性を持った人間という存在そのものと代替的だ。汎用AIの方も軟体動物のように自在に形を変えて、様々な職業に対応できるからだ。そうすると、汎用AIのコストが人間の賃金よりも低い場合、あらゆる職業において人間の代わりに汎用AIの方が雇われることになる。

新しい職業が生まれたとしても、汎用AIはすぐ様その職業に適応し、人間を駆逐してしまう可能性がある。しかし、汎用AIに人間の真似事ができたとしても、人間と全く同じに振る舞えるとは限らない。

先に取りあげた日本のNPO法人「全脳アーキテクチャ・イニシアティブ」は、海馬や基底核、扁桃体などの脳の各部位毎の機能をプログラムとして再現し、そのプログラムを結合させることによって、全体として人間と同じような知的振る舞いのできる汎用ＡＩを実現しようとしている。

「全脳アーキテクチャ」は脳の機能を真似ているだけであって、脳を丸ごとコピーしてソフトウェアとして再現する「全脳エミュレーション」とは異なっている。

人間には自分自身にすら気づかない潜在的な感覚や感性、欲望があって、全脳アーキテクチャ方式で汎用ＡＩを作ったところで、それらを全て再現できるわけではない。そういった感覚などの全てをＡＩに備わせるには、単に脳の機能を真似るだけでなく、脳をまるまるコピーしなければならない。つまり、全脳エミュレーションが必要となる。

全脳エミュレーションを実現するには、人間の脳に含まれる１０００億のニューロン（神経細胞）と１００兆のシナプスの完全な図面「ヒト・コネクトーム」をまず手にしなければならない。しかし、データ量が膨大過ぎて、それすらも今世紀中には難しいとされている。

アメリカの経済学者ロビン・ハンソンは、『全脳エミュレーションの時代』でその時代が到来するのは、今から１００年後だと予測している。

要するに、手っ取り早く汎用ＡＩを実現するには、脳の機能を真似る全脳アーキテクチャのようなアプローチが有力だが、そういう方式で作った汎用ＡＩは人間が持つ全ての感覚や感性、欲望を備えるわけではないので、人間と全く同じような判断や振る舞いを行うことはできないということだ。

それでも残る仕事

それゆえ、

・クリエイティヴィティ系（Creativity、創造性）
・マネージメント系（Management、経営・管理）
・ホスピタリティ系（Hospitality、もてなし）

といった三つの分野の仕事はなくならないだろう。こういった仕事では、自分の感性や感覚、欲望に基づいた判断を必要とする。

「C：クリエイティヴィティ系」は、曲を作る、小説を書く、映画を撮る、発明する、新しい商品の企画を考える、研究をして論文を書く、といった仕事だ。「M：マネージメント系」は、工場・店舗・プロジェクトの管理、会社の経営など。「H：ホスピタリティ系」は、介護福祉士、看護師、保育、ホテルマン、インストラクタなどの仕事である。私はこれらの仕事をまとめて、ＣＭＨといっている。

とはいえ、ＣＭＨの職に就いている人々が、未来においても安泰かというとそうではなく、こういった分野でも、ＡＩ・ロボットが進出してきて、いわば「機械との競争」にさらされる。これまで人間は、他の人間と競い合っていたが、これからの時代を生きる人間は機械とも競い合わないといけないというわけだ。

作曲するＡＩは既に存在しており、アメリカではＡＩの作ったポップスを大量に売り出す計画がある。それが実施されたら、ＡＩよりもしょぼい曲しか作れない作曲家は失業してしまうだろう。

ＡＩは、過去の作品を参考にして創作することはかなり得意になってきている。例えば、マイクロソフトなどが開発したＡＩは、17世紀オランダの画家レンブラントの新作であるかのような絵を作ることができる。バッハがいかにも作りそうな曲を作るのは、人間よりもＡＩの方がうまいくらいだ。

新奇性のある曲もいずれ作れるようになるかもしれない。しかし、ＡＩには図表21（162ページ）の右上の領域にあたる新奇性とエンターテインメント性を兼ね備えた曲を作るこ

図表21　ＡＩに作曲が難しい音楽のタイプ

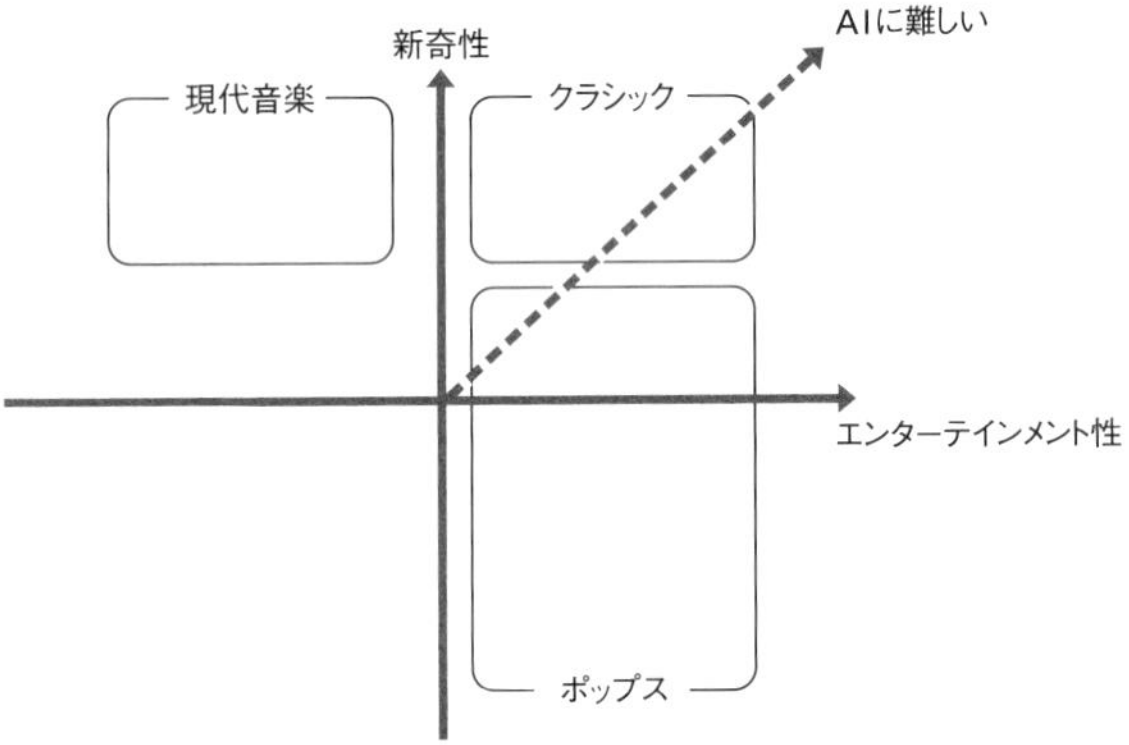

とは困難だ。なぜなら、ＡＩは自分が作った新しい曲のフレーズが人間にとって心地良いかどうかを判断することができないからだ。過去に似たフレーズがあれば、このフレーズもまた心地良いだろうと類推できる。

しかし、過去に似たフレーズがなければ判断しようがない。人間は自分の脳に問い合わせれば、それが心地良いかどうかを知ることができる。自分の感覚や感性にしたがって、判断できるのである。

当面、ＡＩは人間の脳の完全なコピーではあり得ない。したがって、あるフレーズが新奇なものであればあるほど、ＡＩにはその価値を判断できず人間自身の手にゆだねるしかなくなる。

ただし、図表21の右上の領域の作品を作るのは人間にも難しくなってきた。元々近代芸術は、およその分野であれ、新奇性とエンターテインメント性を兼ね備えていた。音楽でいうと、ベートーベンやモーツアルト、ショパンなどのクラシック（近代音楽）だ。

ところが、時代が進むにつれて新奇性とエンターテインメント性を兼ね備えるのは困難になっていった。次第に両方を兼ね備えた「ネタ」が採り尽くされていくからだ。池にある魚を次々と釣っていくと、池の魚が減っていくから段々と釣るのが難しくなっていく。それと同様に、芸術もネタ切れを起こしていくのである。ただし、今でも、新奇性とエンターテインメント性のどちらかのみを追求することは可能だ。

新奇性を追求した音楽は、今では「現代音楽」と呼ばれるジャンルとして括られる。このジャンルは、エンターテインメント性があまりにも乏しいので、鑑賞者はごく少数のマニアに限られている。逆に、エンターテインメントを追求した音楽は、「ポップス」と呼ばれる。第二次世界大戦頃に、クラシック（近代音楽）の時代が終わって、戦後の音楽は現代音楽とポップスの二つに明確に分離している。

ただし、ジャズやロックといったポップスにも、新奇性を追求した曲はあり、新奇性とエンターテインメント性を兼ね備えている場合もある。だが、今日ではポップスにおける新奇性の追求もかなり難しくなってきている。

私たちの時代に、ベートーベンやモーツアルト、ビートルズのような後世に名を残す音楽家が現れる可能性はかなり低い。それは、今の音楽家が能力的に劣っているということではなく、ネタ切れの時代を生きる者の宿命なのである。

別のいい方をすれば、図表21の右上の領域の音楽、つまり人間には作れるが、ＡＩには作れない音楽はかなり減ってきている。バッハ以前にＡＩがあったとしても大した作曲はできなかっただろうが、今のＡＩが作り得る曲のヴァリエーションは豊穣だ。この３００年の間に人間によって生み出された様々な曲がデータとして利用可能だからである。

クリエイティヴィティばかりではない。マネージメントやホスピタリティに関しても、データの蓄積が進むにつれて、ＡＩ・ロボットにできることは増大し、人間にしかできないことは減少していく。

全人口の一割しか労働しない社会

汎用ＡＩが２０３０年に現れるとするならば、早ければ２０４５年くらいにはかなり普及している可能性がある。例えば、汎用ＡＩを組み込んだ「パーソナルアシスタント」（電子秘書）が、パソコンやスマートフォンで使われるようになっているだろう。

このパーソナルアシスタントは、手足を使わないことならばなんでも依頼することができて、「我が社の決算書を作ってくれ」「我が社のホームページを作ってくれ」「自動車産業の最近の動向を10ページほどの報告書としてまとめてくれ」と命じるだけで、それぞれの作業をたちどころにやってくれる。

あるいはまた、汎用ＡＩが組み込まれたロボット、つまり汎用ロボットが、レストランのウェイター・ウェイトレスから警察官、消防士に至るまで身体の動作を必要とする様々な仕事を担っているだろう。その時残っているのは、クリエイティヴィティ、マネージメント、ホスピタリティ（ＣＭＨ）に関わる仕事だが、そういった仕事すら、半分くらいは失われていてもおかしくはない。

現在の就業者数（働いている労働者の人数）は全人口のおよそ半分の６６００万人であり、ＣＭＨに関わる仕事に従事する人は１９００万人ほどだ。そのうちの半分が失われているならば、残るのは９５０万人で、これは全人口の一割弱にあたる。

ここではとりあえず、就業者数を一割としておこう。細かいことをいうと、残りの九割の中にも仕事をしている人はいるが、ちょっとしたバイト程度だったり、フルタイムの仕事でも生活するにはとても足りない額しか稼げていなかったりする。あるいは、終身雇用制度の存在ゆえに会社に雇用され続けているものの大した仕事はなく、社内失業の状態にあるということも考えられる。

要するに２０４５年には、内実のある仕事をし、それで食べていけるだけの収入を得られる人が、一割程度しかいない可能性があるということだ。そういう社会を「脱労働社会」と呼ぶことにしよう。

これは、汎用ＡＩが２０３０年に出現したうえで最も早く普及した場合の話で、最もゆっくり普及した場合は、脱労働社会の到来は２０６０年くらいになるだろう。さすがに、２０３０年から30年も経てば十分普及しているに違いない。

４・４　脱労働社会にベーシックインカムは不可欠となる

多くの労働者が飢えて死ぬ

「脱労働社会」は、ＣＭＨの分野で「機械との競争」に打ち勝った少数のスーパースター労働者しか働いていないような社会である。

そのような「脱労働社会」で、他の人々は一体どこから所得を得るのだろうか。人々は遊んで暮らせるようになるのか、それとも単に機械に仕事を奪われて食べていけなくなるのか。

ここでは単純化のために、人々を「労働者」と「資本家」に分けて考えよう。そして、全人口の一割に相当するスーパースター労働者についてはさしあたり無視して話を進めよう。

「労働者」は賃金労働をする人、「資本家」は工場や店舗、会社などを所有したり、それらの運転資金を提供する人だ。労働者の収入源は働いて得られる賃金所得であり、資本家の収入源は利子や配当である。

会社員が株をトレードしている現代に、このような区分は時代遅れで成り立たないと思うかもしれない。だが、両者の線引きは今なお有効であり、これからますます有効性が増していく。

株の配当やキャピタルゲインだけで生活できないならば、その会社員は結局のところ労働者だ。逆に配当やキャピタルゲインなどの不労所得だけでも十分暮らしていける会社員がいたら、その人は資本家ということになる。そういう意味では、ほとんどの現役世代の人々は労働者である。

そうだとすると、２０４５年から２０６０年にかけて到来する脱労働社会では、ほとんどの人々は所得が得られず飢え死にするしかなくなる。何の社会保障制度もなければそうならざるを得ない。食べていけるのは、資本家のみである。

脱労働社会にあって、資本家は食いっぱぐれないどころか、むしろ取り分を増やすだろう。未来には、ロボットが商品を作る無人工場があり、それを所有する資本家は所得を得ることができる。資本家は、労働者に賃金を与える必要がないので、儲けはまるまる自分のものとなる。

所得は「資本の取り分である利子・配当所得」と「労働の取り分である賃金所得」の二つに分けられる。前者の割合は「資本分配率」、後者の割合は「労働分配率」という。社会が脱労働化していくということは、資本分配率が100%に近づいていき、労働分配率が0%に近づいていくことを意味する。つまり、資本家総取りの社会がやってくるのである。

生活保護の問題点が大きくなる

脱労働社会では、多くの労働者が機械に仕事を奪われていく可能性がある。それに伴って、資本家の取り分は限りなく大きくなり、労働者の取り分は限りなく小さくなっていく。そうすると、ＡＩの発達によって生産性が爆発的に高まったとしても、資本を持った少数の人々しか豊かになることができず、多数派である労働者がむしろ貧しくなるようなディストピアが訪れることになる。

労働者が飢え死にしないようにするには、例えば生活保護を国民の大半に適用するといった政策を積極的に推し進める必要がある。

だが、生活保護は脱労働社会にとって適した制度とはいえない。本書で既に論じたように、現行の生活保護制度には様々な問題点がある。

生活保護は適用にあたって、救済に値する者と値しない者に選り分けなければならない。「資力調査」と呼ばれるそのような選別は、多額な行政コストを要するにもかかわらず、しばしば失敗に終わる。不正受給が度々指摘される一方で、生活保護の受給額以下の所得しか得られていないワーキングプアが野放しになっていたり、毎年のように餓死者が発生したりする。

汎用ＡＩの普及によって雇用を奪われ収入源を絶たれる人が増えてくれば、生活保護の適用対象を拡大しなければならなくなり、この制度の問題点もそれに伴って大きくなっていく。ＢＩを導入せず生活保護を維持しているだけでは、国民の多くが失業する脱労働社会において、給付すべきか否かを選別するためのコストは莫大なものとなる。

それゆえ、社会保障制度に関する抜本的な改革が必要となる。脱労働社会にとって相応しいのは、ＢＩのような普遍的な社会保障制度であろう。ＢＩであれば、選別のためのコストはゼロとなる。

ＡＩが発達した未来でなくても、ＢＩをすぐにでも導入すべきだと私は思っている。本書でこれまで見てきたように、生活保護と比べて遥かに優れた社会保障制度だからだ。しかし、今の日本では、ほとんどの人々が働いて得た所得で最低限以上の生活を営めているせいか、ＢＩの必要性を感じている人は少ない。しかしながら、ＡＩが高度に発達し、働いて所得を得ることが当たり前ではない社会がやってくれば、恐らく、多くの人々がＢＩを導入した方が良いという考えに至るのではないだろうか。

先ほど述べたように、ＡＩの発達によって雇用を奪われ収入源を絶たれる人が増えてくれば、生活保護の適用対象を拡大しなければならなくなり、生活保護の問題点もそれに伴って大きくなっていくからだ。

それにそもそも、労働者の大半が生活保護の給付を受けるとするならば、そのような生活保護の規模は、ＢＩとあまり変わらなくなる。労働者の大半か国民全員かという違いでしかない。それなら、いっそ問題点の多い生活保護がＢＩにとって代わられるべきではないだろうか。

クリエイティヴな世界は残酷だ

一方で、これからＡＩがどんなに発達しても、ＡＩにはできないクリエイティヴな職業が増え、人間がそのような職業に就くようになるので心配いらないという意見もあるだろう。「雇用の未来」の著者の一人であるオズボーンは、ＡＩが高度に発達した未来には「クリエイティヴ・エコノミー」が到来すると予想している。ＡＩなどの機械にできることは機械に任せて、人々はクリエイティヴな仕事に専念できるようになるという意味だ。クリエイティヴ・エコノミーは、私が度々用いている「頭脳資本主義」と重なる概念であり、私もこの見方に賛成している。

しかし、クリエイティヴの世界は残酷だ。ミュージシャンで売れているのはほんの一部である。東京では中央線沿いに売れないミュージシャンが多数棲息しているが、それは比較的家賃が安いからだ。彼らはカフェや居酒屋でバイトをしたり、時には新薬の実験台となってお金を稼いでいる。

芸人にしても同じことで、ほとんどの人は名前すら一般に知られておらず、本業の年収は10万円以下だ。交通費が自分持ちなため、所得がマイナスになることすらある。彼らは、他

図表22　一般的な職業の所得分布

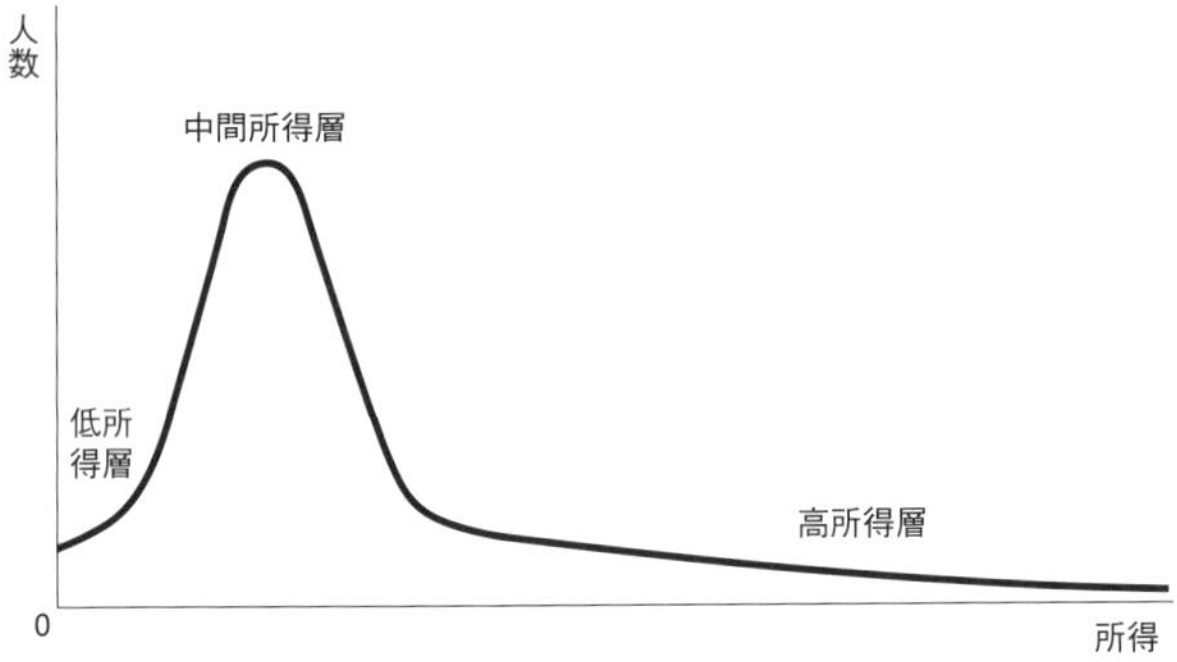

にバイトをしていたり、売れている芸人が食事を奢ってくれたりするからなんとか食いつないでいける。

一般の職業における所得の分布は図表22のようになる。貧しい人がそこそこいて、中間層が分厚く、お金持ちがほんの少しいる。それに対しクリエイティヴ系の職業では、図表23のように貧しい人が果てしなくたくさんいて、中間層はそれより遥かに少なく、お金持ちはさらに少なくなる。

ＡＩやロボットがどんなに雇用を奪っても、クリエイティヴな仕事は残るので、みながそのような仕事に従事すれば良いと思われるかもしれない。

たとえそうだとしても、暮らせるほどに稼げない仕事ならばそれは趣味とさほど変わりなく、失業問題の解消には繋がらない。年収10万円以下の芸人やミュージシャンの仕事ばかりがある「ハイパークリ

図表23　クリエイティヴ系の職業の所得分布

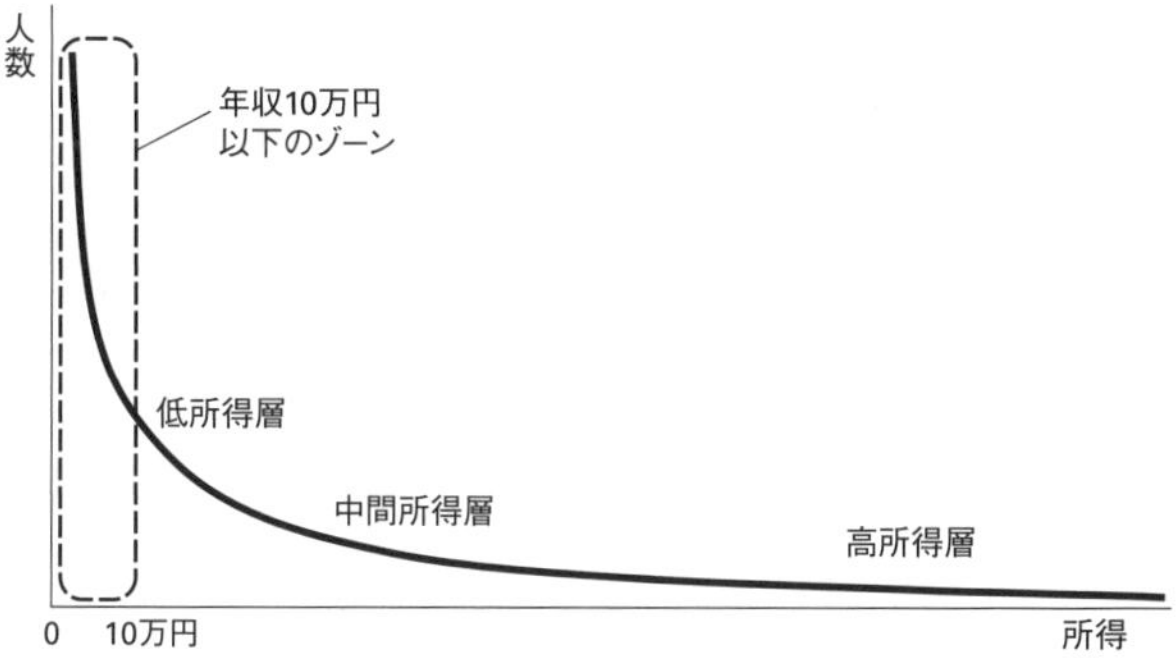

エイティヴな社会」をみなさんはお望みだろうか？

クリエイティヴな仕事の種類は近年とみに増えている。YouTubeに出演する仕事やＬＩＮＥのスタンプを作る仕事は、10年前には影も形もなかった。ただ仕事といっても、ほとんどの人にとっては小遣い稼ぎ程度にしかならないただの趣味に留まっている。

ＡＩが普及することで、会社から月々サラリーがもらえるような安定した普通の仕事はなくなっていく。そしてクリエイティヴな仕事だけが残るとするならば、所得の分布は図表22から図表23に移り変わっていくだろう。ほとんどの人々にとっては食っていけない地獄のような社会となる。

実際には、マネージメントやホスピタリティに関わる仕事も残るので、完全に図表23のようにはならないはずだが、このような所得分布に近づいていくことには変わりない。中間層ではなく貧困層が一番のボリュームゾーンになってしまう。

科学技術の進歩は、それだけで必ずしも明るい未来の到来を約束するわけではない。ＡＩが全ての仕事をやってくれるようになったとしても、それだけで遊んで暮らせるハッピーな社会が自然と到来するわけではない。そのような社会を作り上げるには、労働せずとも所得が得られるＢＩのような包括的な社会保障制度が必要だ。

４・５　資本主義の未来

爆発的な経済成長のために

これまで見てきたように、ＡＩが高度に発達した未来には、放っておくと失業と格差は著しく深刻になるので、再分配政策としてのＢＩが必要不可欠となる。

だが、ＡＩ時代にＢＩが必要な理由はそれだけではない。汎用ＡＩを始めとするＡＩ・ロボットを含む機械によって高度なオートメーション化がなされれば、爆発的な経済成長が実現する可能性がある。ただし、高度なオートメーション化によって潜在的な成長率が上昇しても、需要が追い付かなければ、このような成長は現実のものとはならない。

需要を喚起し続け、高い成長率を実現させるためにも、ＢＩが必要である。以下ではまず、爆発的な経済成長がいかにして可能になるのかについて論じよう。

マルサスの罠

汎用ＡＩの出現は、第一次産業革命以来の「生産構造」の変化をもたらし得る。「生産構造」とは、生産活動に必要な「インプット」（投入要素）と生産活動によって生み出される「アウトプット」（産出物）との基本的な関係を意味する。マルクスのいう「生産様式」とは異なっているので注意が必要だ。

紀元前一万年頃から始まった「定住革命」によって、狩猟・採集から農業中心の経済に転換した。農業で重要なインプットは「土地」と「労働」であり、アウトプットは農作物である。

土地は基本的には人間の手によって作り出すことができないという特徴を持つ。したがって、産出量を増やすには、労働を増やすしかない。しかし、労働（労働者）を増やすには子供をたくさん作れば良いのだが、それでは人口一人当たりの産出量（産出量／人口）を増やすことはできない。

有史以来長い間、一人当たり産出量（所得）は増大せず、生活水準はほとんど上昇しなか

図表24　大分岐

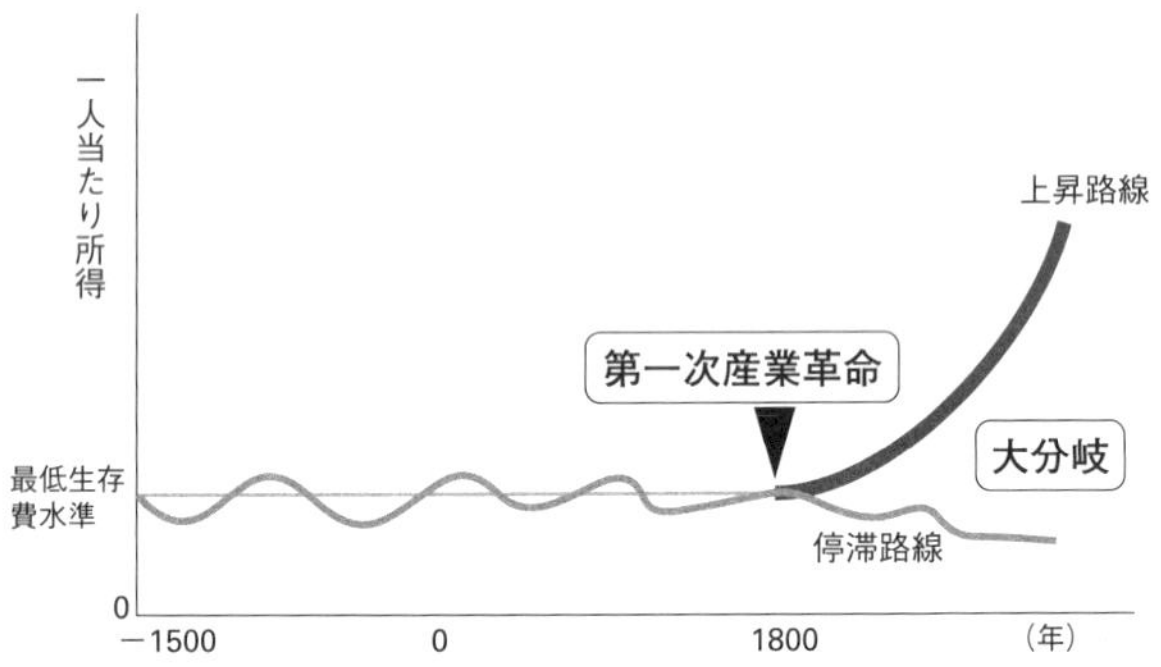

出所：グレゴリー・クラーク（2007）『10万年の世界経済史』をもとに作成

った。人類は、技術水準の向上によって農作物の産出量を増大させても、その分だけ子供を多く作り、人口を増大させてきたからだ。

したがって、図表24に表されているように、一人当たり所得は産業革命以前には、短期的には変動しているものの長期的にはほとんど変化していない。所得が最低生存費水準から乖離して上昇し続けるような事態が発生したことがないのである。トマス・マルサスによって指摘されたこの現象は、「マルサスの罠」と呼ばれている。

大分岐

第一次産業革命は、このような人口と生活水準の関係を根本的に覆した。この革命によって現れた産業資本主義は、一般に図表25のような生産構造を持

図表25　機械化経済の生産構造

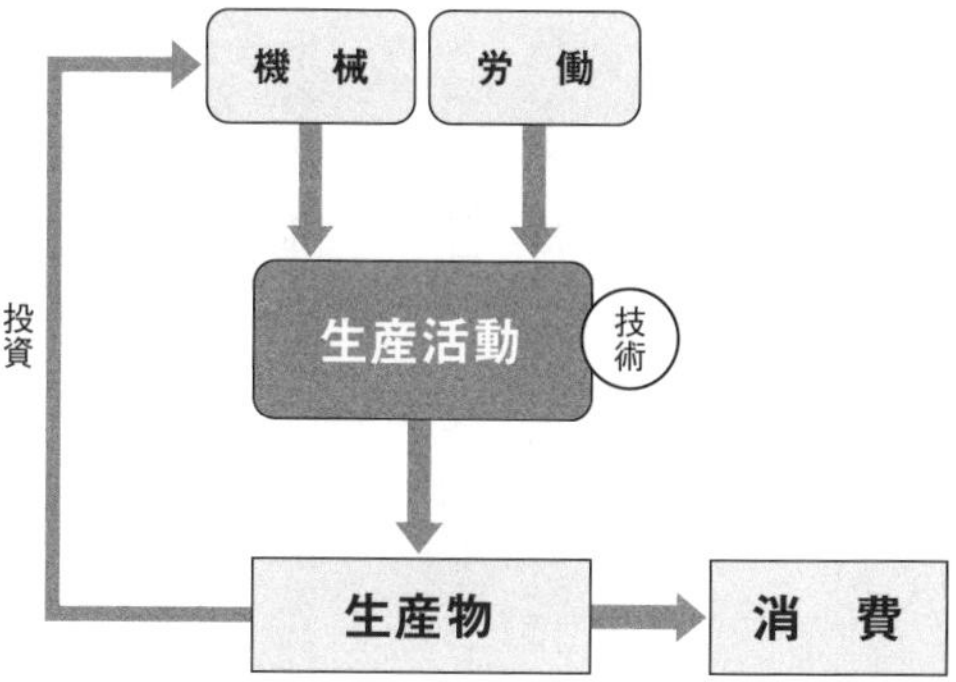

った経済だ。インプットは機械（＝資本）と労働で、アウトプットは工業製品やサービスなどの産出物である。機械はアウトプットの一部であり、投資により増大する。そうすると、より多くの工業製品を作り出すことができる。

このような循環的なプロセスにより、資本は無際限に増殖し産出量も無際限に増大していく。このプロセスこそが、マルクス経済学のいう「資本の増殖運動」である。

土地は生産活動によって生み出されるアウトプットではないが、機械はアウトプットであるという点が重要だ。産業革命によって形成されたこのフィードバックループは、技術進歩と相まって劇的な産出量の増大をもたらしたのである。

産業革命期のイギリスでは、産出量の増大に伴って人口がかつてない勢いで増大した。しかし、それを振り切るほどのスピードで産出量が増大し、マルサスの罠からの脱却が実現した。つまり、時を経るごとに一人当たり所得が増大し、生活水準が絶えず向上するような経済へと移行したのである。

図表24（176ページ）のグラフは、産業革命期において二手に分かれている。19世紀に、イギリスを始めとする欧米諸国の経済が持続的に成長する上昇経路を辿り出した一方で、アジア・アフリカ諸国などの経済は停滞路線を辿り、欧米諸国に収奪されることによりむしろ貧しくなった。

こうして世界は豊かな地域と貧しい地域に分かれた。この分岐は近年の経済史の用語で「大分岐」と呼ばれている。これは、アメリカの歴史学者ケネス・ポメランツの著書『大分岐』からとられている。

第二の大分岐

19世紀末に起きた「第二次産業革命」（電力やガソリンエンジンなどによる革命）と20世紀末に起きた「第三次産業革命」（情報技術革命、ＩＴ革命）は、私たちの生活に大きな影響をもたらしたが、生産構造には根本的な変革をもたらさなかった。それらの革命を経ても資本主義経済の生産活動は相変わらず、「機械」と「労働」という二つのインプットを必要とする。

このような産業革命から現在にまで至る資本主義経済を「機械化経済」と呼ぶことにする。機械化経済を標準的な経済成長の理論モデルである「ソローモデル」に基づいて分析すると、長期的には（定常状態では）経済成長率は２％くらいで一定になってしまう。

前章で述べたように、中国やインドが６％を超える高い率の経済成長を実現しているのは、それらの経済がキャッチアップの過程にあるからだ。高度経済成長期の日本も同様で、10％を超える成長率が実現した。

逆に、現代の日本やアメリカが１％や２％といった低い成長率しか実現できないのは、これらの経済がソローモデルの定常状態にあるからだと解釈できる。このままでは、日本で再び高度経済成長期のような成長率が実現することはない。

ところが、汎用ＡＩを始めとするＡＩ・ロボットがもたらす革命である「第四次産業革命」は、成熟した国々の経済成長に関するこのような閉塞状態を打ち破る可能性がある。なぜなら、ＡＩ・ロボットが人間の労働の大部分を代替すると、図表26（１８０ページ）のような生産構造になるからだ。

インプットはＡＩ・ロボットを含む機械のみで、労働は不要となっている。フランスの経

図表26　純粋機械化経済の構造

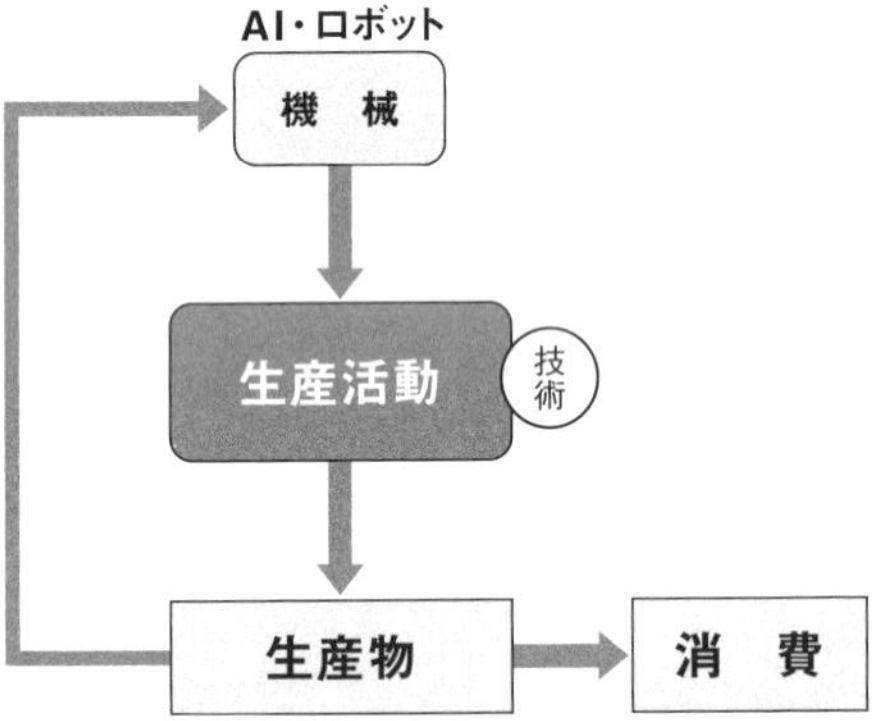

済学者トマ・ピケティはこのような経済を「純粋ロボット経済」と呼んだが、ここでは「純粋機械化経済」と呼ぶことにする。純粋機械化経済の出現こそが、脱労働社会をもたらし得る。

この純粋機械化経済について数理モデルを作って分析すると、成長率自体が年々上昇するという結果が得られる。機械化経済の定常状態では年々ほぼ一定率で一人当たりの所得が成長していくが、純粋機械化経済では成長率自体が年々成長していく。

したがって、もし汎用ＡＩを導入した国とそうでない国があるとするならば、図表27のように経済成長率に開きが生じていくことになる。この図は縦軸が経済成長率で、図表24（176ページ）の方は縦軸が一人当たり所得だという点に注意してほしい。

重要なのは、所得（ＧＤＰ）の成長率なのか水準な

図表27　第二の大分岐

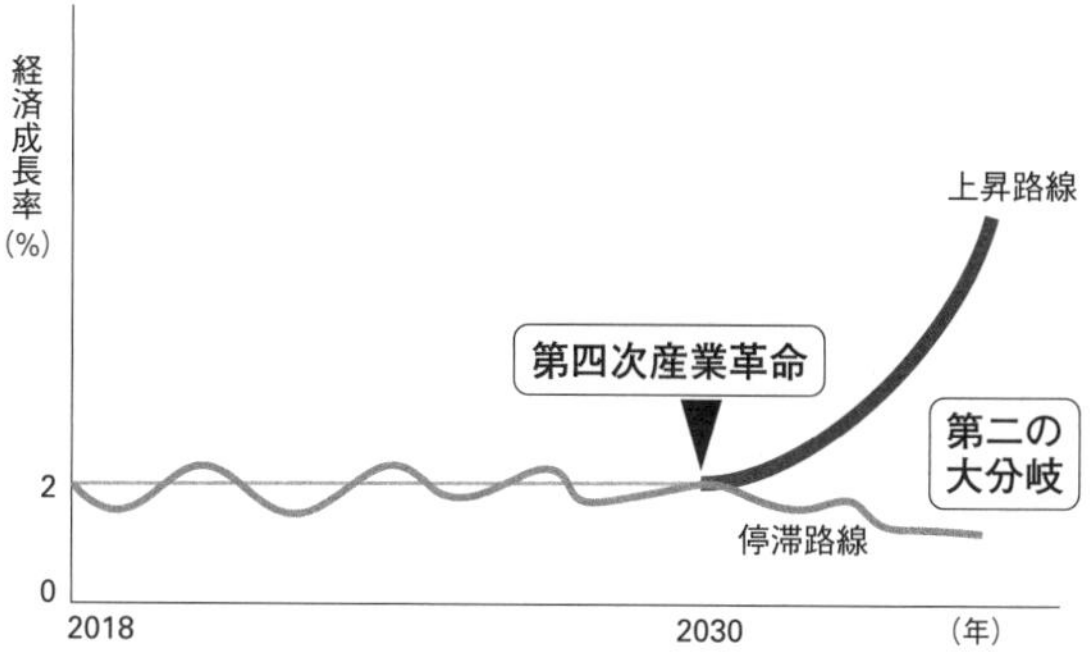

のかの違いである。

第四次産業革命期に現れるこのような分岐を「第二の大分岐」と呼ぶことにする。第一次産業革命期に発生した最初の大分岐では、蒸気機関などの機械を導入し、生産活動を機械化した欧米諸国は上昇路線に乗り、そうでない国々は停滞路線に取り残された。

それと同様に第二の大分岐では、汎用ＡＩなどのＡＩ・ロボットをいち早く導入し、生産活動を純粋機械化した国々が経済面で圧倒的となり、導入が遅れた国々を大きく引き離すことになる。

需要を増大させ続けるにはどうしたら良いか？

純粋機械化経済において現れる指数関数的に上昇する成長率は、正確には潜在成長率である。これは、需要制約に阻まれて、図表27の上昇路線のような成長が実現しない可能性があるということを意味する。

要するに、爆発的な潜在供給の増大に需要が追いついていかない可能性があるということだ。もし、ＢＩのような大がかりな再分配政策を行わないのであれば、多くの労働者は所得を得られず消費もできないので、需要はむしろ減少し、経済がシュリンク（縮小）することも十分起こり得る。

そうすると、日本の失われた20年よりも遥かに深刻なデフレ不況が訪れるだろう。デフレ不況に陥らないようにするには、ＢＩのような再分配政策によって失業した労働者に所得を与えるとともに、貨幣量そのものを増やす必要がある。お風呂のお湯が熱過ぎる時に、水で薄めるとともに、かき混ぜる必要があるのと同様だ。水を注ぐことが貨幣量の増大に相当し、かき混ぜることが再分配政策に相当する。

ところが、貨幣量を増やそうにも、これだけ急速に潜在供給が増大するとなると、中央銀行は大幅な金融緩和政策を常に強いられ、度々ゼロ金利に陥るようになる。第３章で述べたように、ゼロ金利に陥ると金融緩和政策は効力を極度に弱められるが、財政政策も実施すれば効果を維持できる。こうした財政政策と金融政策の合わせ技は、間接的な財政ファイナンスであり、ヘリコプター・マネー政策である。

直接だろうが間接だろうが、どういう形であれ、発行した貨幣を市中に給付するような政策を行えば、絶えず需要を増大させ続けることができる。そのような給付こそが「変動ＢＩ」である。潜在供給の増大に合わせて、貨幣量も増やさないといけないとするならば、変動ＢＩの額も急速に増大することになる。その際、間接的な財政ファイナンスでも需要を増大させる効果はあるが、前章で述べたように国民中心の貨幣制度に転換し、直接的財政ファイナンスがマクロ経済政策の主軸になっている方が、需要のコントロールはより容易になる。

ある国が汎用ＡＩを導入し、その経済システムが機械化経済から純粋機械化経済に転換したとしても、変動ＢＩが導入されないならば、潜在成長率が指数関数的に上昇する一方で、需要制約に阻まれて現実の成長率はほとんど上昇しない可能性がある。その場合、やはりこの国は上昇路線に乗ることができず、停滞路線を辿ることになる。

したがって、かつての大分岐における欧米諸国のように、第二の大分岐で上昇路線に乗るには、汎用ＡＩと変動ＢＩの両方を導入しなければならない。できれば、国民中心の貨幣経済に転換しておく必要もある。

過去の大分岐においていち早く上昇路線に乗ったイギリスが、最初に蒸気機関を生産活動に利用した国であるとともに、最初に銀行中心の貨幣制度を確立した国でもあることを想い起こしてもらいたい。

供給側の要因である技術と需要側の要因である貨幣の両方の面で、次世代に適応した国から順に、新たなテイクオフ（離陸）を果たしていくだろう。

近代資本主義からの脱却

経済が爆発的な成長を続ければ、いずれ人々があらゆる商品の消費に満足し、幾らお金をもらっても消費を増やさなくなり、変動ＢＩによる需要喚起効果が完全に消え失せるような未来が到来するだろう。

そのような社会は、全ての人々が消費に倦み飽きるほど物質的に豊かになった、一種のユートピアだ。そこまで至ったら、もはや経済成長も必要ないし、経済学の役割もおよそ消滅する。解消すべき問題が存在しなくなるので何も論じる必要がなくなる。

近代資本主義は、図表28のように、「資本の増殖運動」「機械化経済」「銀行中心の貨幣制度」「市場経済」の四つの特徴を持つ。

最も根本的な特徴は「資本の増殖運動」であり、この運動は全ての人々が完全に消費に満

図表28　近代資本主義からいかに脱却するか？

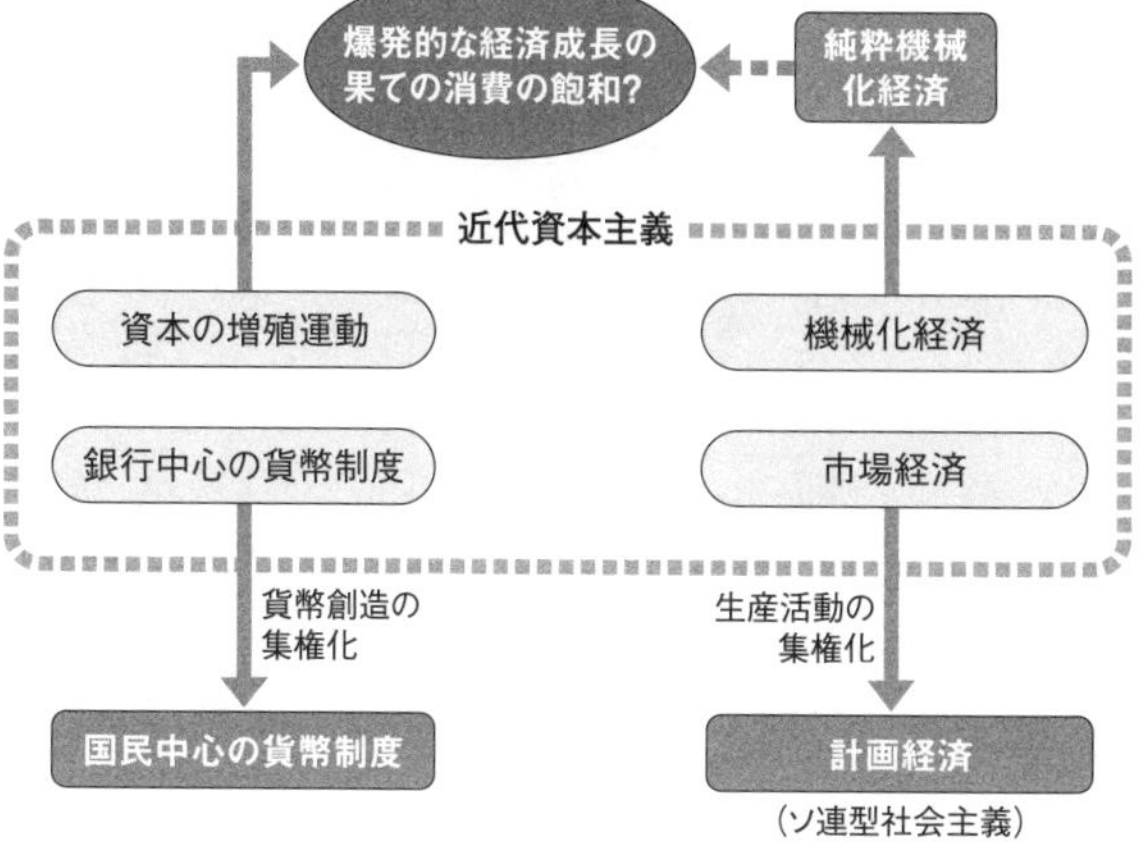

足し得るユートピアに至って消滅する。経済は成長を止めて、資本は増大することがなくなる。しかし、これは資本主義の一番最後の段階であり、遥かな未来の無限遠点にあるといっても良い。

それほど遠くない未来に起きる可能性があるのは「機械化経済」から「純粋機械化経済」への転換だ。この転換によって、労働者は労働を失い搾取されることがなくなる代わりに、賃金所得も得られなくなる。

銀行中心の貨幣制度もまた、近代資本主義の重要なエンジンだ。既に論じたように、純粋機械化経済への転換が成される前に、国民中心の貨幣制度にとって代わられる必要がある。貨幣創造を集権化しなければならないのである。

ソ連型社会主義が失敗したのは明白で、それは真っ先に市場経済を解体してしまったからだ。計画経済によって生産活動を集権化するという最も実施してはいけない形で、近代資本主義からの脱却を図ろうとした。なすべきなのは貨幣創造の集権化であり、生産活動の集権化ではなかったのである。

ソ連のような集権的な社会主義体制は、近代資本主義のオルタナティヴにはもはやなり得ない。それどころか、ソ連型社会主義はそもそも国家主導の資本主義でしかなかった。それは、生産手段を国有化し中央当局が計画的に一国の経済をコントロールする体制であり、市場経済をベースにした資本主義とは異質である。

ただ、「資本の増殖運動」が行われているという点では変わるところがなく、「集権的資本主義」と呼んだ方が実態に即している。対して、私たちが日々接している市場経済は「分権的資本主義」だ。

集権的資本主義が円滑に機能するには、分権的なシステムたる市場経済を計画経済によって再現できなければならない。その不可能性は、オーストリアの経済学者フリードリッヒ・ハイエクによって理屈の上で示されただけでなく、社会主義圏の崩壊によって実地に確かめられもした。結局のところ、それは人の手に余る難事だったのである。

この体制は、搾取という問題に限っても何も改善することができなかった。そこでは、労働者を搾取する主体として資本家に成り代わった国家の指導者や官僚といった赤い貴族が肥え太るだけだった。

21世紀の今、資本主義から脱するための導きの糸となる理念はほとんど存在しない。ソ連崩壊後を生きる現代の人々は、リベラリストや社会民主主義者になることはできても、革命家になることは困難だ。革命後の新しい経済体制のヴィジョンを提示できないからだ。そうすると、資本主義は全くの出口なしであるかのように見える。

しかし、遠くない未来、そのような理念やヴィジョンなしに自然の成り行きとして純粋機械化経済への移行が果たされ、資本家による搾取が消滅し、近代資本主義は揚棄《ようき》されるかもしれない。搾取を廃絶しようとする試みが実効力を持つ前に、搾取の方が自然と消滅してしまうのである。ただし、それは労働者の勝利を意味しない。

労働者が資本家に雇用されないことで搾取されなくなれば、飢えて死ぬしかなくなる。このような大量飢餓をもたらし得る機械があって、それこそがＡＩでありロボットである。

そのような事態に陥る前に、ＢＩが導入されなければならない。ＢＩと国民中心の貨幣制度が導入されれば、ディストピアをユートピアへと逆転させられる。

実をいうと、私は資本主義が揚棄されようが廃絶されようが、どうなろうと構わないと思っている。人々が精神的にも物質的にも豊かに暮らしていけるのであれば、どのような経済であろうが頓着しない。

ただ、資本主義からの出口を探している社会主義者の人々に、ＡＩとＢＩによる革命こそが出口に通じる早道ではないかと伝えておきたいのである。

第5章

政治経済思想とベーシックインカム

保守主義は自殺と同じようなものである。わが恐竜どもに災いあれ！
（ケインズ『説得評論集』[*18]）

世の哀れ　春ふく風に　名を残し　おくれ桜の今日　散りし身は
（井原西鶴『好色五人女』[*19]）

５・１　右翼と左翼は対立しない

右翼・左翼の本質

第1章で述べたように、ベーシックインカムは右派も左派も支持しているし、右派からも左派からも批判されている。そのことを不思議に思う人がいるかもしれないが、その疑念を解消するには、まず様々な政治イデオロギーを整理する必要がある。

１９９０年頃に冷戦が終わり、イデオロギー対立もまた終わったかのように見えた。ところが21世紀になってから、右翼と左翼の対立は１９９０年代よりも激しさを増している。例えば安倍政権の熱烈な支持者は右翼と見なされ、安倍政権の批判者は左翼だと見なされており、両者はインターネットを主戦場にして互いに罵《のの》り合っている。

だが、右翼と左翼は必ずしも対立する思想ではない。「右翼」は様々な意味で用いられるが、その重要な本質は「ナショナリズム」、すなわち自国や自国民、自民族を重視する立場である。左翼もまた多義的だが、その本質は「経済的平等の追求」である。したがって、自国内での経済的平等を追求する限り、右翼と左翼は対立するわけでもなく、場合によっては

図表29　右翼と左翼は直交する

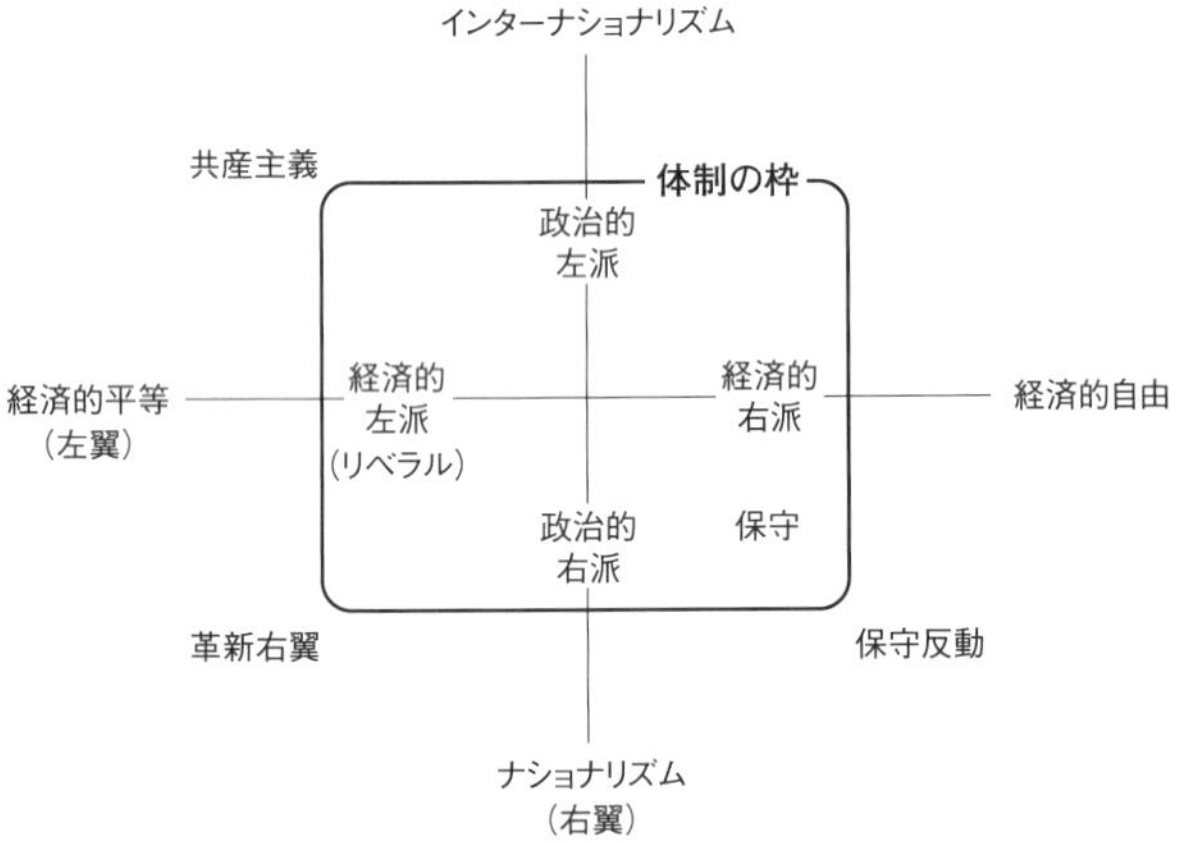

両立可能となる。

ヨーロッパでは、社会党、社会民主党、労働党といった左派的な政党が度々政権を握っており、自国の労働者や貧困層に有利な政策を展開している。したがって、左派だからといって反ナショナリズムなわけではなく、反体制なわけでもない。

それゆえ右翼と左翼は対立軸を成しているのではなく、それらはむしろ図表29のような「政治的スペクトル」の直交した軸上にあると考えられる。「政治的スペクトル」というのは、政治的な立場を座標軸で表したこうした図のことである。

この図表は、縦に「インターナショナリズム（国際主義）―ナショナリズム」の軸を取り、横に「経済的平等―経済的自由」の軸をとっている。経済的平等と経済的自由は、常にというわけではないが対立することが多々あるので、ここではとりあえず同一軸上の対極に配置しておこう。

左翼は経済的平等を追求するので図の左に、右翼はナショナリズムを追求するので図の下に位置付けられる。

右翼と右派、保守は何が違うか？

ここで、「左翼」と「左派」という言葉を意識的に使い分けたが、いずれも英語では“Left”ないし“Left Wing”である。ただ、日本語における使い方を見ていると、左派は中道左派、つまり「資本主義体制や国家体制の転換を図るのではなく、体制の枠内で穏健的に経済的平等を目指す勢力」という意味を持つ。

本書でもそのような意味で用いる。要するに左派は、別のいい方をすれば「社会民主主義」ないし「リベラル」である。左翼は経済的平等を追求する方向性を意味するとともに、左派も含めたそのような立場全般を意味するものとしたい。

ただし、図表29のように、経済的平等を目指す経済的左派とは別に、インターナショナリズムを目指す政治的左派も考えられる。ここでは、単に左派といったら、経済的平等を目指す経済的左派を意味するものとしよう。

「右翼」と「右派」の使い分けは、それよりも若干ややこしい。左派と同様に右派は、より穏健なナショナリスト、つまり政治的右派を指し示す言葉として使われる。ところが、右派はそれよりも「経済的平等」と「経済的自由」からなる対立軸の上の、経済的自由を重視する立場を意味することの方が多い。

例えば、経済学者のフリードマンは右派といわれることが多いが、これは彼がナショナリストだということではなく、経済的自由を重んじる立場に立っていることを意味している。したがって、本書で単に右派といった場合には「経済的右派」を意味することにする。ただし、混乱が生じそうな場合には、穏健なナショナリストを「政治的右派」、経済的自由を重んじる立場を「経済的右派」と呼ぶことにする。

そうすると、「右翼」（ナショナリズム）と「左翼」（経済的平等を目指す立場）は直交しているにもかかわらず、「右派」（経済的右派）と「左派」（経済的左派）は対立していることになる。

奇妙に思うかもしれないが、私たちは普段それほど意識することなく、このような奇妙な言葉使いをしているのである。

いわゆる「保守」は一般に、経済的にも政治的にも右派である。したがって、図表29の右下に位置している。ただし、「保守」はより広義には「体制の枠内で漸進的に社会を改良する立場」を意味する。

イギリスの思想家エドマンド・バークは、1790年に『フランス革命についての省察』でフランス革命における体制転覆を批判したが、保守主義の現代的な起源はそこにある。したがって、体制を維持する勢力（図の枠内）は全て、広義には保守ということになる。枝野幸男衆議院議員が2017年に立憲民主党を立ち上げた際、自分はリベラルであり保守主義者であると述べたのは、その意味において正しい。

そうではあるが、「保守」は広義にではなく、狭義に用いられることが多いので、本書でもそのように用いることにする。つまり、単に「保守」といった場合、経済的にも政治的にも右派ということだ。広義に用いる場合には、「バーク流の保守」ということにする。

共産主義とインターナショナル

狭義の「保守」と対極にあるのが、図の左上に位置する「共産主義」（マルクス主義）である。共産主義は特に当初、単に経済的平等を目指すだけではなく、国際的な運動として展開されたので、インターナショナルでもある。

共産主義の持つインターナショナルな側面は、マルクスとエンゲルスによって1848年に書かれた『共産主義者宣言』（共産党宣言）の「労働者は祖国をもたない」という言葉に集約されている。彼らは、世界中の労働者が団結して資本家に抗して起こす革命を唱道した。

マルクスとエンゲルスは、1864年に設立された「第一インターナショナル」という国際的な社会主義運動の組織に参画している。マルクスは、この組織の代表者ではなかったが、『第一インターナショナル創立宣言』を起草しており、強い影響力を持っていた。

続いて、1889年に第二インターナショナルが、1919年に第三インターナショナルが組織されていく。ロシア革命が成功すると、レーニン率いる政党「ボリシェヴィキ」が、第三インターナショナルで主導的地位を占めた。

レーニンの死後、その後継争いとして、世界革命（永続革命）を志向したトロツキーをスターリンが追い落とし、「一国社会主義論」を確立すると、ソ連の共産主義はインターナショナルな側面を失った。

トロツキーは、スターリンの社会主義を「民族社会主義」と批判している。批判が正しいとすると、本書の用法によればスターリンは右翼でかつ左翼ということになる。

このことからも、左翼の本質はインターナショナルにはなく、ナショナリズムという意味の右翼とも必ずしも対立しないということが分かるだろう。

なお、世界最初の社会主義政権であるパリ・コミューン発足時（１８７１年）に作られた「インターナショナル」という歌が、ロシア革命直後の１９２２年にソ連の国歌として採用されている。だが、スターリン支配下の１９４４年に「祖国は我らのために」に変更されている。祖国を持たないはずの労働者が祖国を持ったのである。

右翼・左翼という言葉の変質

「右翼」「左翼」は必ずしも対立しない。といっても、「右翼」「左翼」ほど、幾度も意味を変遷させてきた言葉はなく、最初から図表29のように直交していたわけではない。元々、右翼は「保守」、左翼は「革新」という意味で、それらは明確に対立していた。

一般によくいわれているように、「右翼」と「左翼」という言葉の起源は、フランス革命にある。フランス革命の初期には、それまでの支配体制である絶対王政を保守する王党派が右翼といわれ、立憲君主制へと革新する勢力が左翼といわれた。１７８９年９月の「国民会議」で、前者の議員は議場の右側に座り、後者は左側に座ったからである。

翌年の１７９０年には、早くも王党派は消滅し、立憲君主派が右側に座り、勢力を増した共和派が左側に座った。この時は、前者が右翼、後者が左翼ということになる。立憲君主派は王政を維持しつつ、議会制民主主義を目指す勢力であり、共和派は王政を廃止しようとする勢力である。[*20] 右翼、左翼の意味が目まぐるしく変わっているという点に注意してほしい。

結局、１７９２年に王政が廃止されて第一共和制が樹立されるとともに男子普通選挙が制度化されると、男子に限ってではあるが、政治的な自由と平等、それから経済的な自由がある程度達成された。[*21]

経済的平等については目指されておらず、第一共和制は当時富裕層の利益を守るような体制であった。この時、こうしたブルジョア体制を支持する共和派が保守となる。彼らは議席の右側を占めて右翼となり、経済的な平等の達成を目指すジャコバン派が革新であり左翼となった。

ただし、左翼といっても体制転換を図ったわけではないので、本書の用語法にしたがえば、左派というに過ぎない。他方の共和派は右派であり、保守である。経済的な自由を維持しようとする右派と経済的な平等を目指す左派という対立軸の原型は、この時代のフランスに既に現れているといえよう。

一方、平等主義者のフランソワ・ノエル・バブーフが1796年に革命を計画したが、事前に発覚してギロチンで処刑されている。このバブーフこそが、「共産主義」という言葉を、私有財産を廃止し生産手段を共有することにより平等な社会を目指すイデオロギーという意味で最初に使った人物である。バブーフは、体制を転換して経済的な平等を目指す共産主義者のはしりであるといえよう。それ以降、左翼は社会主義者や共産主義者を指すようになり、およそ意味が確定していく。

一方の右翼は、復古主義、伝統主義という意味を引きずりつつも、19世紀末頃から、民族主義や自国民第一主義、国家主義といった意味合いを強めていき、右翼と左翼は直交し始めるのである。

なお、フランスの国旗トリコロールは、「自由、平等、友愛」を象徴している。友愛はキリスト教的な博愛ではなく、国民の同士愛や同朋意識、つまりナショナリズムを意味する。「自由、平等、友愛」はフランス革命のスローガンであり、当初これらは全て革新勢力という意味での左翼によって追求されたのである。やがて、経済的自由は右派のものとなり、友愛＝ナショナリズムも右翼のものとなったが、経済的平等だけは果たされることがなかったので、左翼の目標であり続けた。

戦前における右翼と左翼

日本では、右翼・左翼の意味が欧米よりも若干複雑になる。まず、明治維新は英語では“Meiji Restoration”（明治復古）であることからも分かるように、復古的（右翼的）である。だが、それまでの支配体制である江戸幕府を打倒し、おまけに攘夷から開国ならびに欧化政策に転じたことから革新的（左翼的）であるともいえる。

後に、キリスト教思想家の内村鑑三や思想家で革命家の北一輝は明治維新を「維新革命」と呼んだが、これには復古的（右翼的）かつ革新的（左翼的）であるという意味合いが込められている。

さらにいうと、日本では、徳川政権を保守しようとする勢力がたった2年間の戊辰戦争で消滅してしまったために、旧体制を保守する立場という意味での右翼は確立されなかった。その一方で、明治維新以降急速に欧化が図られたため、これに抗するナショナリズムという意味での右翼が急速に醸成されていく。

ナショナリズムという意味での右翼思想の起源は、西郷隆盛や吉田松陰、さらには彼らに影響を与えた「水戸学」にまで遡れるだろうが、アジア主義者の頭山満《とうやまみつる》にあると考えるのが一般的である。「アジア主義」というのは、ヨーロッパに対抗し、アジア諸国の連帯を目指した右翼運動であり、要するにアンチ欧化運動である。

ナショナリズムがアジア主義と一体となっていたところに、日本の右翼運動の独自性がある。しかし、それは後の大東亜共栄圏にも繋がる危うい一体性でもあった。

頭山は自由民権運動を繰り広げる最中に、アジア主義を掲げた団体「玄洋社」の総帥に就任する。薩長出身の政治家による専制政治「有司専制」が行われていた当時の状況に鑑みれば、自由民権運動は左翼運動（革新という意味の左翼）として位置付けられるだろう。

フランス革命期と同様に、日本でも当初ナショナリズムは革新勢力という意味での左翼の理念だった。この革新運動はアジア主義も自由民権運動も含むごった煮の状態で、社会主義すらもそこから生まれている。それは、頭山満とも協力関係にあったアジア主義者の樽《たる》井《い》藤《とう》吉《きち》が、１８８２年に日本で最初の社会主義政党「東洋社会党」を設立したことに現れている。

要するに、右翼（ナショナリズム）と左翼（経済的平等の追求）は、日本においては元々同根の運動・思想であり、少なくとも明治の中期くらいまでは、両者は判然と区別することができない。

社会主義運動が退潮するきっかけとなった１９１０年の大逆事件の後、右翼側では、美濃部達吉の天皇機関説を批判した上杉慎吉などの「観念右翼」が勢力を増していった。「観念右翼」は、国粋主義、天皇中心主義であり、日本の戦時体制の確立に大きな影響を与えている。

左翼側では、ソ連政府の後押しを受けて日本での革命を目指す「コミンテルン日本支部準備会」が1921年に設立され、インターナショナルな性格を持つ共産主義が勃興した。

戦前の共産主義と観念右翼は、国体という論点では全く相容れない存在だ。要するに、前者は天皇制の廃絶を企図していたし、後者は天皇が絶対的な主権を持つべきだと考えていた。

こうして右翼と左翼が分離していく一方で、両者の融合もまた図られていた。戦前の右翼の代表的な潮流として、「アジア主義」「観念右翼」の他に体制の転換（国家改造）を目指す「革新右翼」がある。

革新は左翼だから、「革新右翼」は「左翼・右翼」という意味になり、一見語彙矛盾を来しているように思える。だが、右翼と左翼が直交していることを思い起こせば、なんらの矛盾とも思われなくなる。

革新右翼の思想家・北一輝について、右翼なのか左翼なのかという議論がこれまで数限りなくなされてきた。左翼を偽装した右翼であるとか、右翼を偽装した左翼であるとかといわれてきたのである。

そうした議論は半ばバカバカしく、北一輝は右翼であり左翼でもあり、そこに矛盾はない。北はナショナリストであり軍国主義者でもあったが、同時に平等的な民主主義国家を理想としていた。

１９２３年出版の『日本改造法案大綱』では、基本的人権の尊重、言論の自由、治安維持法の廃止、華族や貴族院の廃止、男女平等、農地改革、私有財産の制限などを唱導している。

北がユニークなのは、そういった民主主義国家の実現のために、天皇を錦の御旗として利用したクーデターを計画していたことである。それが、いわゆる「昭和維新」として知られている運動の一つである。

結局、北は直接関与していないものの、北の影響を受けた陸軍皇道派の青年将校が２・２６事件を起こし、昭和維新を実現しようとしたが失敗に終わり、北は処刑された。これを機に陸軍で覇権を握ったのは統制派であり、観念右翼の天皇中心主義と相まって戦時体制を作り上げていった。

戦後における右翼と左翼

昭和維新の失敗によって革新右翼は退潮したが、戦後になって北一輝が主張した制度の多くがＧＨＱによって導入された。ＧＨＱが『日本改造法案大綱』を参照したという説もあるが、確かなことはよく分からない。

いずれにしても、北はいわば政治的には敗北したが、思想的には勝利したのである。大げさにいえば、戦後の日本社会は北の構想の範疇にある。ただし、北の軍国主義的な面は完全にそぎ落とされた。

その点を主権国家の欠陥として不満に思った三島由紀夫が、２・２６事件を再現するような心持ちで起こしたのが、自衛隊にクーデターを呼びかけたいわゆる三島事件である。

戦後、革新右翼ばかりでなく、在野の右翼運動は全体的に衰退していった。いうまでもなく、右翼勢力が、日中・太平洋戦争を導いて日本を破滅寸前にまで追いやったからである。[*22]

一方の左翼は戦後、隆盛を極めるようになるのだが、日本では独自の進化を遂げているという点に注意する必要がある。すなわち、右翼勢力が日中戦争・太平洋戦争を導いたという反省から、戦後の左翼勢力は「反資本主義」とともに「反ナショナリズム」に重きを置いたのである。ソ連ですら、スターリン以降ナショナリズムに転じていったのとは対照的である。

左翼運動も１９７０年代に入ると、山岳ベース事件やあさま山荘事件をきっかけに衰退していくのだが、その背景には、第二次産業革命の成果である冷蔵庫や洗濯機などの電化製品が日本のあらゆる家庭に行き届き、先進国並みの豊かさが達成されたことがある。「貧困を生み出す資本主義」が、打倒の対象ではなくなっていったのである。

さらに、１９９０年頃の社会主義圏の崩壊により、資本主義に代わるオルタナティヴな体制のヴィジョンが失われ、左翼は反ナショナリズム色を強めていく。しかし、私にいわせればそれは左翼本来の仕事ではない。

当然、過度なナショナリズムや排外的なナショナリズムには警戒すべきであるが、日本国民の同朋意識まで否定するとなると、反ナショナリズムもまた行き過ぎということになる。日本人がオリンピックでメダルを獲得する度に、歓喜に沸く人々に対し「メダリストが凄いだけであって、日本人が凄いわけでも、ましてやあなたが凄いわけでもない」とお決まりの言葉で冷や水を浴びせかけるのが左翼の本業ではないだろう。

繰り返し述べてきたように、本来的に左翼は右翼と直交しているのであって、必ずしもナショナリズムに対抗する必要がない。日本の左翼は、経済的平等の追求という本来の立ち位置に戻るべきだろう。

経済的平等の追求という意味では、確かに今日の左翼は反ネオリベという旗印を持っている。だが、後で述べるようにそれは戦後の旧保守という立場とそれほど変わるところがなく、特に若者にとっての希望の旗印にはなり得ていない。

5・2 なぜ右派も左派もベーシックインカムを支持するのか？

ネオリベ vs. 左翼

20世紀末以降の政治経済思想は、従来からの「右翼―左翼」というイデオロギー対立に、「ネオリベ―反ネオリベ」という対立が加わり、複雑性を増している。左翼は反ネオリベであることが多いが、右翼がネオリベであるとは限らず、両者の対立はズレを伴っている。ナショナリズムという意味での右翼と反ナショナリズムという意味での左翼の対立よりも、こちらの「ネオリベ―反ネオリベ」の対立の方がより今日的であり、本質的でもある。だが、両者の対立を乗り越えるべきだというのが、私の立場である。

図表29（192ページ）の縦軸を入れ替えて、図表30のように「進歩主義」（政治・社会的自由）と「権威主義」の対立軸としよう。例えば、君が代斉唱を強制したがるのが権威主義であり、個人の自由だと考えるのが進歩主義である。あるいは、男女同権やLGBTの権利を認めたがらないのが権威主義であり、認めるのが進歩主義である。

図表30　旧保守と新保守の違い

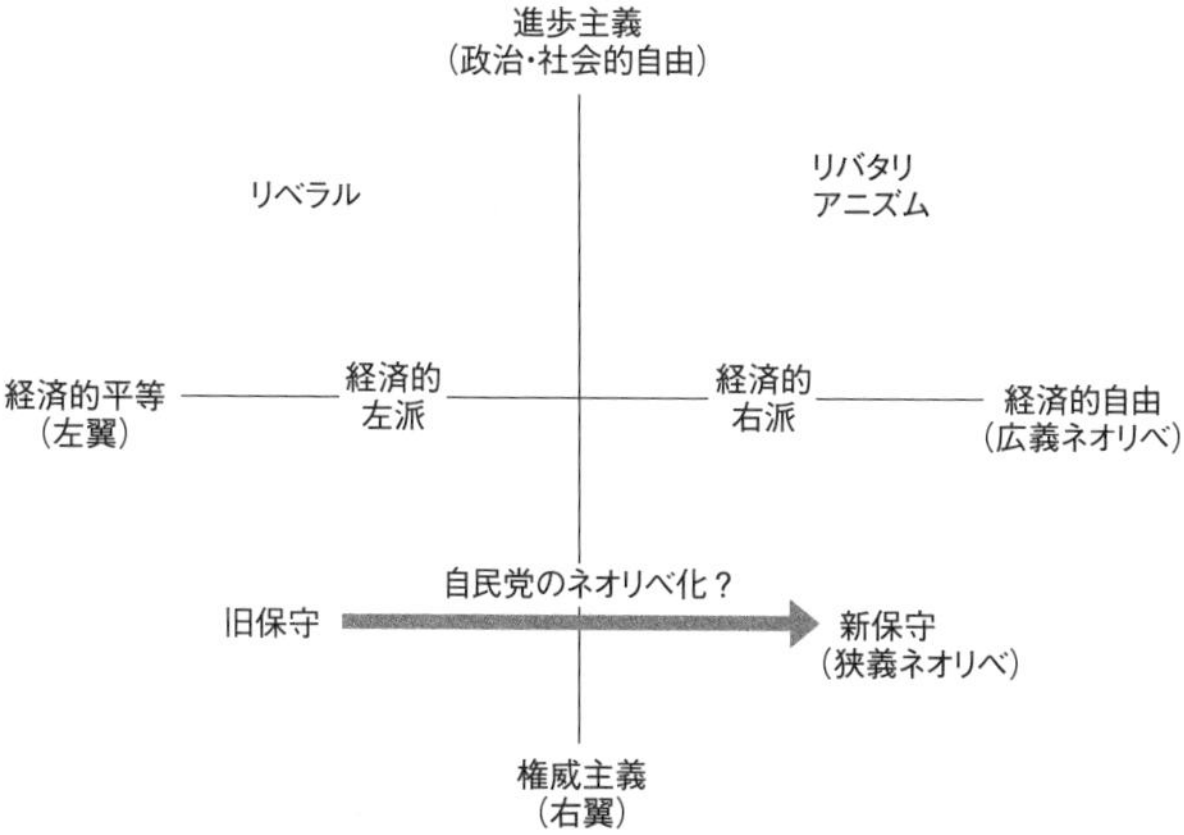

右翼は権威主義であり、このスペクトラムでも、右翼と左翼は直交する。その一方、経済的平等と政治・社会的自由の両方を主張する「リベラル」と、経済的自由を主張するとともに権威主義者でもある「新保守主義」は真逆の位置に立っている。

「ネオコン」（ネオコンサバティブ）といういい方があって、日本語に訳せば「新保守主義」だが、これは左翼から転向したニューヨーク知識人を中心に沸き起こった、やや特殊なイデオロギーを表している。

ここでいう「新保守主義」は広い意味を含んでおり、具体的には、マーガレット・サッチャーやロナルド・レーガン、中曽根康弘氏などの思想や政策を指している。彼らは、国有企業の民営化を推し進めたり、規制緩和を推し進める一方で、伝統的な価値観を重んじる権威主義者であった。

「リバタリアニズム」（自由至上主義）は、新保守主義としばしば混同されている。確かに、経済的自由について論じる限り、両者は同じものと見なせるが、リバタリアニズムは政治・社会的自由をも重んじる点において、新保守主義とは異なっている。

例えば、リバタリアンはフリードマンのように徴兵制度に反対するが、新保守主義は徴兵制度に肯定的である場合が多い。徴兵は国家が個人の自由な営みを侵害するものなので、リバタリアンには忌避される。あるいはまた、同性愛について、リバタリアンは個人の自由だと考えるが、新保守主義は伝統的価値観に基づいて否定するはずだ。

アメリカには、リバタリアン党という大統領候補を輩出している少数政党がある。この政党も当然徴兵制度に反対している。そればかりか、アルコールやタバコの年齢による規制や麻薬の規制にまで反対している。同性愛のみならず、一夫多妻を含むいかなる性愛についても規制すべきでないとしている。全ては個人の意志に委ねられるべきだと主張しており、あらゆる政治的・経済的自由の貫徹を求めているのである。

「ネオリベ」は広義には、政治的自由は問わず、経済的自由を重んじる立場であり、リバタリアニズムから新保守主義までを含む広い概念である。

一方で、ネオリベは狭義には、新保守主義を指している。これを「狭義ネオリベ」としておこう。つまり、新保守主義＝狭義ネオリベであり、もっと平たくいうと「シバキあげ主義」である。

日本では、リバタリアニズムという思想の輸入に失敗しており、アメリカとは違って筋金入りのリバタリアンがほとんど存在しない。小さな政府を志向しつつも、徴兵制度に賛成するような輩《やから》ばかりである。それゆえに、リバタリアニズムと狭義ネオリベ＝新保守主義が度々混同される。

見かけ上、どんなにリバタリアンが狭義ネオリベと似ていたとしても、メンタリティーは全く異なっていて、他人をシバキあげるような余計なお節介に反対することこそが、リバタリアニズムの本質である。ニートに働けといった途端、その人はリバタリアンではなくなる。

その点に注意を払った上で、単に「ネオリベ」といった場合には、ここではリバタリアニズムから新保守主義までを含む広い概念としておこう。

そうすると、左翼から見るとネオリベは真逆にあるので、左翼が反ネオリベを掲げてネオリベを批判するのは理にかなっているということになる。

ただし、近年「ネオリベ」が便利なレッテルとして多用されていることは問題である。例えば、「リフレ派はネオリベである」といった批判の仕方がある。だが、リフレ派は一般には金融政策を中心に財政政策も用いて、デフレ不況からの脱却を目指す立場を指しており、ネオリベとは対極にある。なお、「リフレ」は「リフレーション」（再膨張）の略である。

ネオリベであれば、市場経済の自律的な作用によって経済問題は勝手に解消されるので、金融政策も財政政策も必要ないと主張するはずだ。リフレは、本来であれば左翼が肯定すべき政策であるが、日本ではそうなっていない。ネオリベは、安易なレッテル貼りに多用されているだけでなく、度々誤用されてもいるのである。

日本はネオリベ化しているか？

とはいうものの、かなり大まかなことをいえば、自民党政権が長期的にネオリベ化してきたことは否定できない。これまで、国鉄や電電公社、郵政事業などの民営化が図られてきたし、所得税の最高税率は１９７４年の75％から段階的に引き下げられ、今では45％足らずになっている。

１９７０年代くらいまでの自民党政権を旧保守とするならば、それは図表30（２０７ペー

図表31　1940年体制からの脱却

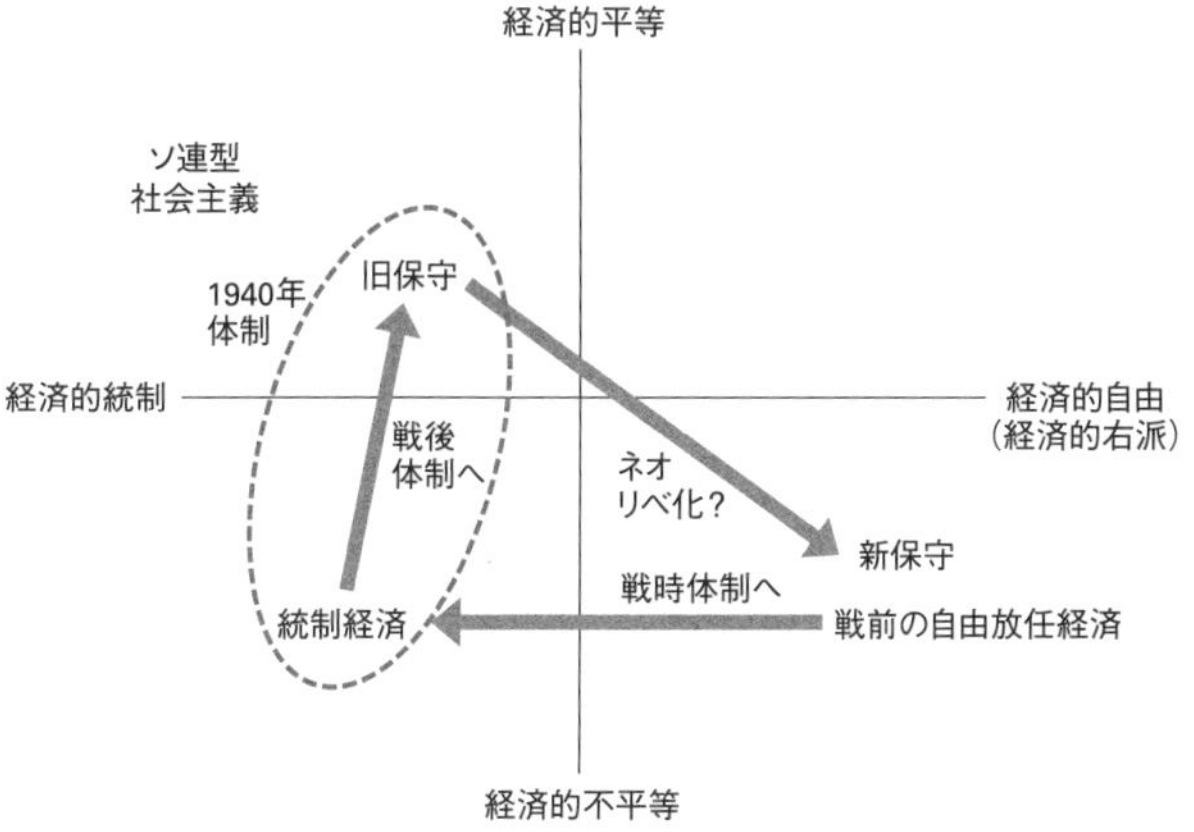

ジ）のように１９８０年代以降、ネオリベ化し新保守主義への転換を果たしている。

ただし、自民党が単線的にネオリベ化してきたかというとそうでもない。例えば、財政政策、金融政策、成長戦略という三本の矢からなるアベノミクスは、リフレ派の考えを取り入れており、反ネオリベ的だ。

図表31では、横軸に「経済的自由―経済的統制」をとり、縦軸に「経済的平等―経済的不平等」をとっている。戦前の自由放任経済は今でいう新保守主義に近く、経済的自由と不平等を許容する体制だった。

１９３０年代に革新官僚などによって戦争への準備として統制経済が敷かれた。これが、経済的統制という意味ではソ連型社会主義に近いことに注意しよう。実際に、革新官僚はソ連に倣って、満州で五か年計画を実施した。統制経済は戦時中に完成に至り、戦後まで続くこの統制的な経済体制は、一橋大学の野口悠紀雄名誉教授によって「１９４０年体制」と名付けられた。

北一輝らが夢見たのは、経済的平等が伴った統制経済であったが、それに近い体制が実現したのは、やはり戦後である。

岸信介が北一輝の思想を学び、彼の構想を戦後実施しようとしたのは有名な話だが、彼を含む旧保守は、ある程度の統制とある程度の平等の実現を図ろうとした。

経済的統制の極限として、一国の経済全体を中央当局がコントロールするソ連型社会主義がある。また、ソ連型社会主義は、少なくとも理念としては経済的平等を目指していた。ただし、この場合の平等というのは、資本家による搾取がなく公正であるという意味であって、所得が等しいという意味ではない。また、実際には資本家に代わって、政治家と官僚が人民を搾取していた。

旧保守の方向の先には、理念としてのソ連型社会主義がある。戦後の日本が、「成功した社会主義」といわれるのは当然である。というのも、そもそも同じ方角を向いているからである。ただし、当たり前のことだが、戦後日本の体制とソ連型社会主義ではかなりの開きがある。

そして、１９８０年代以降、旧保守から新保守への転換が起こるのだが、これは経済的自由化と不平等化への流れとして位置付けられるのである。

世界的なこの流れが、戦前の自由放任経済への先祖返りであることを喝破したのが、フランスの経済学者トマ・ピケティである。

資本主義の黄金時代ともいわれる１９５０年代、60年代には、多くの先進諸国で格差が縮小したが、１９７０年代以降は格差が拡大しているのである。

リベラル・リバタリアニズム

２０１７年に、19～29歳の若者の半数以上が、民進党を保守、自民党や維新の会をリベラルと見なしているという衝撃的なニュースがネットを駆け巡った。[*23] 確かに、図表32（２１４ページ）の中で、反ネオリベを掲げる左派は旧保守に近い位置を占めている。それに対し、保守政党であるはずの自民党は変革者のように振る舞っている。実際、安倍政権では「働き方改革」とか「人づくり革命」といった変革が掲げられている。

今、安倍政権の支持率が特に若者の間で高いというのは、何より雇用情勢が改善されたと

図表32　リベラル・リバタリアニズムの位置づけ

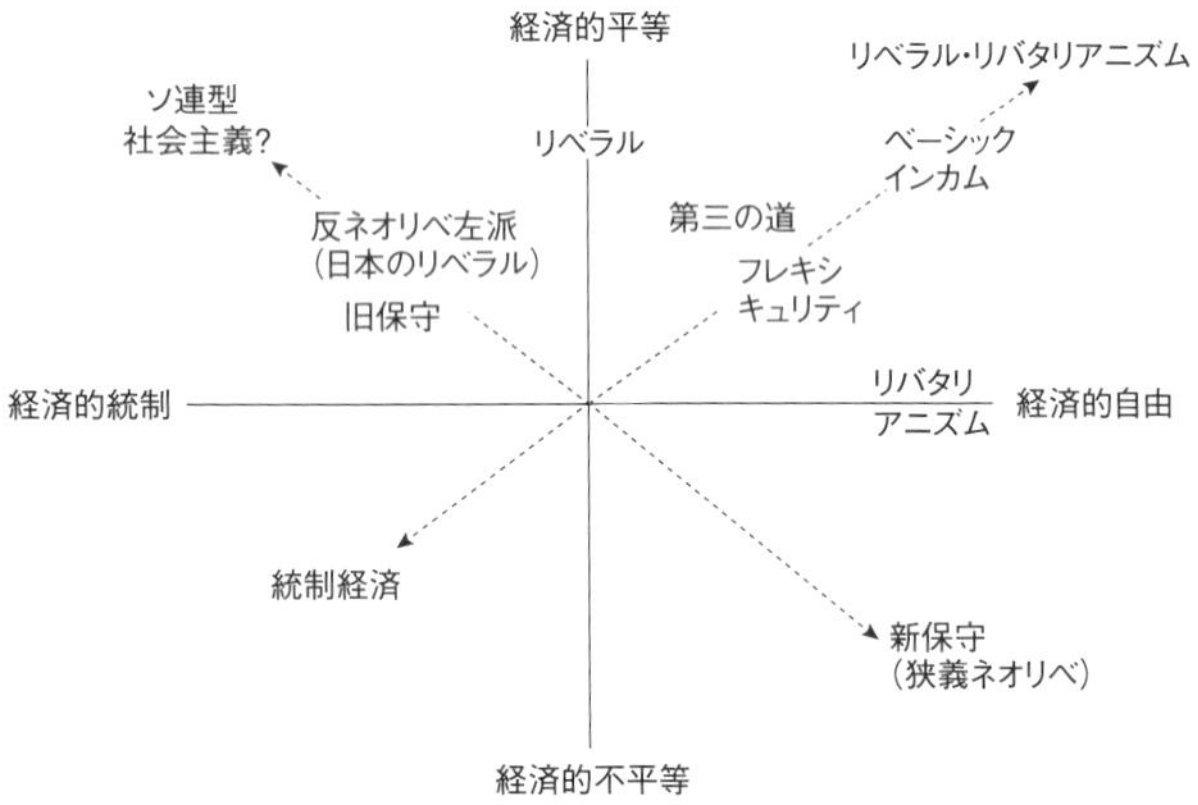

いうことが大きい。だが、それとともに、反ネオリベ的な左派政党が自民党の旧保守派同様に既存の体制の擁護者のように見られているということも挙げられる。

要するに左派勢力は、若者を惹き付ける未来に向けての革新的なヴィジョンを掲げられていないということだ。１９７０年代に、ソ連型社会主義の欠陥と西側諸国における国家による経済への介入主義の行き詰まりが明らかになったにもかかわらず、そこからの脱却が図られていないのである。

そうかといって、私たちは必ずしも新保守（狭義ネオリベ）の方向へ進む必要はない。図表32の右上の方向へ進めば良いからだ。この方向にある思想を、さしあたり「リベラル・

リバタリアニズム」と呼んでおこう。

図表32は、従来対立すると考えられていた経済的自由と平等が直交する軸として描かれている。経済的自由と平等を同一の軸の両極として思い描いている限り、このリベラル・リバタリアニズムという方向は見えてこない。

世界にこの方向に進んだ国がないわけではない。例えば、１９９０年代にデンマークの社会民主党は、「フレキシキュリティ」を掲げた。これは、「フレキシビリティ」（柔軟性）と「セキュリティ」（安全）という二つの言葉を合わせた造語である。

この政策は、解雇規制を緩めて労働市場の流動性を促す代わりに、社会保障と就労支援を手厚くする。社会保障が手薄い代わりに解雇規制が厳しく、国民生活の安全を政府が企業に押し付けている日本とは正反対である。

日本で解雇規制を緩和することが望ましいかどうかは大いに議論の余地があり、ここで私はフレキシビリティを導入せよと主張したいわけではない。

フレキシキュリティは、経済を自由にする代わりに、国が国民生活の安全に責任を持つ北欧諸国によく見られるあり方の一つである。そのあり方を一言でいい表したのが「リベラル・リバタリアニズム」であり、この方向性をもっと追求すべきではないかということだ。

そして今、北欧諸国の一つであるフィンランドがＢＩの導入を目指している。社会保障制度は元々リベラル的なものだが、ＢＩはリバタリアン的な社会保障制度である。

つまり、ＢＩはリベラル・リバタリアニズムという思想にかなった制度であり、両立し難いと考えられてきた経済的自由と平等の両立を図るような制度である。

それゆえに、（経済的）右派からも左派からも支持されてきた。同時に、右派からも左派からも批判されるのも当然で、ガチガチの新保守や反ネオリベ左派からは支持が得られにくい。それは、図表32を見れば一目瞭然であろう。

右派と左派の対立を超えて

第1章で述べたように、ＢＩを支持する議論は、「ネオリベ的ＢＩ論」と「反ネオリベ的ＢＩ論」に引き裂かれているとの指摘が、反ネオリベ側からある。ネオリベ的ＢＩ論者にとってＢＩの目的は社会保障制度の簡素化であり、反ネオリベ的ＢＩ論者にとってのそれは社会保障制度の拡充だ。

反ネオリベ的ＢＩ論者は、ネオリベ的政府がＢＩを導入したならば、生活保護や特別障害者手当などの既存の社会保障制度が全廃されて、弱者の権利が踏みにじられるのではないかと危惧しているのである。

ところが、ネオリベ派と見なされている論者であっても、障害者や重い病気を患った人に対しＢＩとして７万円といった給付のみに留めて、それ以上何の公的支援もすべきではないと明言することはほとんどない。

恐らく、その点について深く考えていないのだろう。それは弱者に対する無関心の現れであるかもしれないが、だからといって、ネオリベ派がＢＩ導入後も障害者への支援は続けるべきだという意見に積極的に反対しないのであれば、反ネオリベ派は、ネオリベ派を敵視する必要も過度に警戒する必要もないのではないか。

そもそも、ネオリベ―反ネオリベの対立といっても、多くの場合、それは程度問題に過ぎない。人が完全なネオリベであったり完全な反ネオリベであることは滅多になく、やはりこれもまたグラデーションを成している。

政府が国防と警察以外全て何もなすべきではないと主張する人も、旧ソ連邦のように政府が経済の全てをコントロールすべきだと主張する人も、今の日本には極めて少なく、大部分の人はその間のどこかの立場に立っている。ＢＩの問題でいうと、多くの社会保障制度を廃止すべきだと主張すればネオリベ的であり、多くの社会保障制度を残すべきだと主張すれば反ネオリベ的ということになるだろう。

人によってネオリベ―反ネオリベという価値観の傾向性の違いは確かにあり、その違いに関して議論することが無意味なわけではない。

だが、BIに関してより重要なのは、どの社会保障制度を廃止し、どの社会保障制度を残すかという具体的な議論だろう。すなわち、それは本書の第2章で行ったような議論だ。

BI支持者が、ネオリベ派と反ネオリベ派に分かれて内ゲバを行っているようでは、経済的自由と平等を同時に追求し得る制度であるBIの素晴らしさが十分理解されていないということになる。

ジョン・ローでジョン・ロックでジョン・ロールズ

繰り返し述べてきたように、1990年頃に社会主義圏が崩壊して以来、資本主義に代わるオルタナティヴな体制のヴィジョンは失われた。それ以来、多くの政治経済思想が、「体制の枠内で漸進的に社会を改良する立場」を意味するバーク流の保守主義の範疇に留まるようになった。

左翼の多くが実のところ中道左派となり、リベラルを名乗るようになった。彼らは反ナショナリズムの立場を鮮明にしており、経済的平等を主張する。だが、基本的にはその都度生じる問題に対し弥縫《びほう》策を講じるだけであり、未来に向けての積極的なヴィジョンを持っていない。

私たちは、より自由で平等で豊かな社会を目指し、歴史を前に進めるべきであり、そのための旗印となるヴィジョンを持つべきではないか。

政治体制はそれほど変更する必要を感じないが、今の経済体制はお粗末で、ＡＩ時代にとても耐えられるものではない。ＢＩを導入するとともに、国民中心の貨幣制度への転換が必要となる。

暴力で政権を打ち倒すような黙示録的な革命は、必要ないどころか害悪である。バーク流の保守主義は、そういう意味では半分正しい。

だが、私がこの手の保守主義に半ば否定的なのは、伝統や慣習、経験を重んじ過ぎるからだ。それらが無価値なわけではないが、私たちは理性によって社会を設計する構想力をより重視すべきであろう。

とりわけ日本の政治経済に関する議論は、こうした構想力を欠いている。そのために、制度変更が遅々として進まなかったり、行き当たりばったりになっており、社会が良くなっているのか悪くなっているのか、判然としない様相を呈している。

バーク流の保守主義者になるわけでもなく、黙示録的な革命を目指すわけでもない。ヴィジョンを描き構想力を用いて歴史を前に進めようとするこの立場を何と名付けたら良いだろうか？　漸進主義、未来主義、ユートピズム？

より自由で平等な社会を目指すという意味で、先ほどリベラル・リバタリアニズムという言葉を使った。一方、広い意味では、私の経済論的な立場はリフレ派に含まれる。

そうすると、私は「リフレ派・リベラル・リバタリアン」ということになる。いい換えると、ジョン・ローでジョン・ロックでジョン・ロールズである。

ジョン・ローは貨幣量の増大によって景気を良くすることを最初に提言したスコットランド出身の経済思想家で、リフレ派の遠い元祖と考えられる。ジョン・ロックは古典的な自由主義を唱えたイギリスの思想家で、リバタリアニズムの源流の一つである。ジョン・ロールズはアメリカの政治哲学者で、現代的なリベラリズムの開祖である。

一緒くたに論じられることの少ないこの3人のジョンの思想が交錯するところに、3人のトマスが最初に思い描いたＢＩの構想を位置付け、現代流に具現化すべきだと私は考えている。

５・３　儒教的エートスがベーシックインカム導入の障壁となる

なぜ「白熱教室」はブームになったか？

これまで論じてこなかった大きな思想的潮流として、「コミュニタリアニズム」（共同体主義）がある。これは、コミュニティ（共同体）を重んじる思想であって、コミュニティの「共通善」について人々が熟議しながら追求しようという思想である。共通善というのは、コミュニティ内で最大公約数的に良いとされる善であり、徳のようなものと考えてもらいたい。

私は、先ほど日本はリバタリアニズムの輸入に失敗したと述べた。対して、コミュニタリアニズムの輸入には成功している。その成功を象徴的に表しているのが、最も著名なコミュニタリアンであるアメリカの政治哲学者マイケル・サンデルの授業を放映したＮＨＫの番組「白熱教室」のブームである。

これらの失敗と成功は同じ要因によっている。というのも、元々日本人はコミュニタリアン的な思想を有しているがゆえにコミュニタリアニズムは受容されやすかったが、それとは相反するリバタリアニズムは受け入れられなかったからだ。

日本に昔からあるコミュニタリアン的な思想というのは、儒教のことだ。儒教といっても、ここで私が取り上げたいのは、孔子や孟子、朱子などが説いた教えだけでなく、そこから派生した様々な倫理や行動様式を含むので、その全体を「儒教的エートス」と呼ぶことにしよう。

元々、周王朝の権威が衰え、身分制が乱れて社会が流動化した春秋時代を生きた孔子が、古代的なコミュニティと身分秩序の再興を唱えたのが儒教の始まりである。

「仁」（思いやり）「義」（なすべきことをなす）「礼」（いわゆる礼儀、マナー）といった徳を身に付けて、「父子」「夫婦」「君臣《くんしん》」（君主と臣民）「長幼《ちょうよう》」（年上と年下）といったコミュニティにおける上下関係を維持しようというのが、具体的な教義だ。「夫婦」はもちろん夫の方が上であり、戦後民主主義の価値観とはそぐわない。

徳のうち、「仁」は、仏教の「慈悲」やキリスト教の「博愛」と類似しているので、儒教の際立った特徴ではない。ただし、中国の戦国時代に興った思想家集団である墨家は、儒教のいう仁はコミュニティ内の上下関係を維持するための愛であり、偏愛に過ぎないとして非難している。そういう意味では、墨家のいう「兼愛」の方が博愛に近いだろう。

根強く残る儒教的エートス

　ともあれ、儒教的エートスは現代にあってもなお、日本社会に深く浸透している。私はそれが日本人の不幸の源泉であり、BI導入の最大の障壁になり得ると思っている。少々長くなるが、その点について論じていきたい。

　儒教は、江戸時代には朱子学および陽明学として武士と一部の農民に広まっていた。それが全国民的なエートスになったのは、明治時代に修身教育や教育勅語などによって、いわば上から儒教を植え付けたからである。

「修身」というのは今でいう道徳の授業のことだが、元々は儒教の経典の一つである『大学』に見られる用語だ。教育勅語は、儒教に精通した井上毅《こわし》とともに儒学者である元田《もとだ》永孚《ながざね》によって起草された。戦前の道徳教育は、基本的には儒教に基づいて行われていたということである。

　福沢諭吉のような先進的な知識人は、儒教的教育は国民の自主性を損なうものとして反対した。儒教的教育は、これをしろ、あれはするなと天下り式に命令するばかりで、国民が自分の頭で考え、他者と議論を交わしながら自分なりの倫理観を身に付けていくというプロセスが欠落している。

歴史学者である愛知県立大学の與那覇潤《よなはじゅん》准教授は、『中国化する日本』で明治維新以降の日本は西洋化した以上に中国化したのだと喝破したが、日本人の心についていえば、何よりも儒教化したのである。

そして、私たちは国家によって人為的に私たちの心が儒教化させられたことも忘れ、儒教的エートスこそが伝統的な日本人の心の有り様であると錯覚させられている。私たちは、未だに儒教的閉域の中をさまよい生きているのである。

もちろん戦後、修身教育も教育勅語も廃止され、子供が論語を諳《そら》んじる光景も見られなくなった。だが、そのエートスだけは根強く息づいているばかりか、一面においては高まってすらいる。

例えば最近、有名人の不道徳的な行いに対する批判はかつてなく高まっている。不倫だけでなく、未成年時の喫煙や飲酒の写真が流出したとか、食事のマナーがなっていないといった些末な理由でバッシングを浴びせかけることがある。

人に危害を加えているわけではないのだから、何をしようと人の自由だろうというリバタリアン的な発想は通用しないのである。

評論家の古谷経衡《ふるやつねひら》氏は、そういったバッシングを行う者に「道徳的自警団」という絶妙な名前をあてている。誰もが徳の高い聖人君子でなければならないような社会は息苦しくってやっていられないと思うのだが、日本社会は自らの首を絞めるかのようにその方向へ向かっている。その手のバッシングは韓国でも中国でも激しく行われているが、いずれも儒教圏である。

孔子は、徳のない者をバッシングして良いなどとはいわなかったが、徳性を持てと説くことは、徳なき者に対するバッシングを生む傾向を生じさせやすい。

礼儀正しさは失われたか？

大学教員の中には、近頃の学生は礼儀も何もなってなくて、儒教的エートスの高まりなんてあるわけないだろうといぶかしがる先生もいるかもしれない。

そういう先生は、全共闘時代の大学を想像してほしい。私たち教員は、ゲバ棒で殴られないだけありがたいと思わないといけない。その頃の学生に比べたら、今は遥かに礼儀正しくなっている。

あるいはまた、30年くらい前までは、道にタンを吐いたり立小便をしたり、タバコの吸い殻をポイ捨てする人間も多かったが、今やそういう輩はほとんど姿を消している。

確かに、経済が成熟するとあらゆる国で人々の民度は高まる傾向にある。ただ、その中でも日本人は抜きん出ていて、世界最高レベルの礼儀正しい、行儀よい国民になっているのだ。ネットでは、日本人の子供が道を譲ってくれた自動車の運転手におじぎをしたり、靴箱に上履きをそろえて入れたりしている動画について、たくさんの外国人が賞賛の書き込みをしている。私たちにとっては、当たり前で日常的な風景でしかないのだが。

そういったこと自体は確かに悪くないが、今の日本で「礼」は甚だ過剰になっている。「ビールを継ぐときはラベルが上」「メールのccには地位の高い人から順番にメアドを並べる」「お祝いに緑茶を贈ってはいけない」などといったほとんど伝統とも実益とも無関係なマナーが後から後から作り出されているのである。

それが儒教と何の関係があるのかと疑問に思うかもしれないが、そもそも孔子の職業からして、礼学を教える先生だった。今でいうと、マナー研修の講師のような職業である。

孔子は、真心のこもっていないマナーは虚礼だと批判したが、そのこと自体、儒教が虚礼を生み出しかねない危うさを含んでいることを証拠づけている。

義務が大好きな日本人

儒教的エートスのうち、恐らく最も問題なのは「義」であり、日本人は「したいことをする」のではなく「すべきことをする」ことで人生の長い時間を過ごしている。コミュニティ内の明文化されている規則や、明文化されていない慣習を含む数限りない義務にがんじがらめになって生きているのである。*24

中学や高校では未だに不条理な校則が多々あり、先にも述べたように、茶髪禁止などといった人種差別になりかねないものまでまかり通っている。

就職活動を行う女子のいでたちが白いワイシャツと黒いスーツにおよその統一がされたのは、ごく最近の1990年代のことだ。当然、明示的な規則があるわけではないのだが、自らスーツは黒であらねばならないなどといった義務感に従っているのである。1950年代の就職活動の写真を見ると、色も形状も一人一人異なった服を着用している。日本社会はより自由になるどころか、一面ではより不自由になっているのではないか。

あるいはまた、上司が帰るまで退社できないというのも、コミュニティ内の明文化されていない義務に従っているからだ。

もちろん、こうした義務は孟子が唱えた元々の「義」とはかけ離れているが、それだからこそ、私は「儒教的エートス」という広がりのある言葉を使っているのである。

日本人は義務が大好きだ。国民の三大義務などと謳っている憲法は、世界を見渡しても珍しい。勤労の義務が憲法に書かれているのは、今では日本と北朝鮮くらいである。過去には、スターリン政権下のソ連の憲法「スターリン憲法」にも勤労の義務が記されていた。後に述べるように、近代は資本主義の発達に伴って労働主義（レイバリズム）が蔓延《はびこ》った時代だが、かつてのソ連型社会主義国は、資本主義国以上に労働主義だったのである。

日本では、勤労の義務が課されている裏面として、乞食行為が法律で禁止されている。乞食行為をしたりさせたりすると、軽犯罪法で逮捕される可能性があるのだ。「物乞いをしていないで働け」というわけである。

実際、今の日本ではホームレスはいても、乞食はほとんど見かけない。しかし、それは法律で禁止されているばかりでなく、乞食行為を美徳と思わない人が多いからだろう。

多くの日本人は、アメリカのリバタリアンのように、他人に危害さえ加えなければ何をしても構わないなどとは思わない。みっともないことをするくらいならば、死んだ方が良いとさえ考える。

日本人は、人生を美しく生き過ぎるところがあり、私はそれを好ましく思わないでもない。だが一方で、這いつくばり、姑息に振る舞い、生き恥をさらしてでも生き抜くべきだという思想がないと、追い詰められた人が自ら命を絶つような悲しい出来事は減らないだろう。

実際に、日本人の自殺率は世界の国々の中で18位であり、かなり高い。韓国は日本と同様に儒教圏であり、自殺率は4位である。この背景には、儒教的エートスがあると考えられないだろうか。自殺率の上位に並んでいるのは、日本と韓国以外は旧社会主義圏の国々ばかりである。

資本主義と儒教は最悪なコンビネーションだ。失業したことにより、勤労に励むべきであるという義務が果たされなくなった場合に、人間としての徳を失ったとして、死に至らしめられるからだ。

「働かざる者食うべからず」というのは聖書の言葉であって、孔子の言葉ではない。しかし、明治時代以降、資本主義と儒教のコンビネーションによって、「働かざる者食うべからず」という勤労道徳が日本人に植え付けられ、しまいには憲法に書き込まれるまでに至った。

日本では、「働かざる者飢えるべからず」を現実化するＢＩを導入するにあたって、この儒教的エートスが最大の障壁になるだろう。

リフレ政策やヘリコプターマネーについても同様である。江戸時代、貨幣改鋳によってお金の量を増やしてデフレ不況からの脱却を図った荻原重秀を厳しく糾弾し排斥したのは、まさに儒学者（朱子学者）である新井白石だ。白石は、金貨・銀貨の品位（金や銀の含有量）を元に戻し、貨幣量を収縮させ景気を後退させた。

そして、未だにリフレを不真面目な政策であるかのように見なしたり、ヘリコプターマネーを「禁じ手」などといって、その妥当性に関する議論を放棄したりする人々が少なくない。「不道徳だから行ってはいけない」「ならぬものはならぬ」などと思考停止に陥らせているものこそが、儒教的エートスなのである。

私は、儒教そのものを全面的に否定したいわけではない。中国では歴史的に、秩序を維持するのにも、腐敗した王朝を打倒するのにも、儒教が役立ってきた。

日本では、儒教の特に陽明学が、明治維新を引き起こす原動力にもなっている。だが、明治時代以降、儒教に基づき天下り式に義務に従うような教育をし過ぎたために、自由な生き方がしにくくなった。このことの弊害が未だに続いているのである。

日本社会では、他人に危害さえ加えなければ何をしても構わないなどと説くリバタリアニズムは、到底受け入れられ難い。

私は、儒教的エートスを中和するためにこそ、リバタリアニズムの輸入が必要だと考えている。何も、拳銃の保有や麻薬の売買を自由にすべきだと思っているわけではない。

多くの日本人は「アメリカではなぜ銃の保持を許しているのか」と不思議に思っているが、それと同じくらいアメリカ人は「日本ではなぜ遅くまで残業していて早く帰れないのか」と不思議に思うことだろう。日本社会に足りないのはリバタリアニズムで、アメリカ社会に足りないのは儒教的エートスのようなコミュニタリアニズムである。

コミュニタリアニズムを知った時、私は日本には半ば輸入する必要がない思想だと考えた。箸の持ち方から電車内のマナーに至るまで、共通善に関していつも私たちは議論を繰り広げており、コミュニタリアニズムの理想とする社会が既に日本では出来上がっているからだ。

半ばといったのは、コミュニタリアニズムはリベラリズムやリバタリアニズムを相対化する哲学として価値があるからだ。本書の最後の最後で、未来における人間の究極の姿の良し悪しを議論する際にも、コミュニタリアンの思想が必要となる。あるいは、地域コミュニティが衰退している日本では、その再生を図るにあたってコミュニタリアンの主張を参考にすることもできるだろう。

だが、学校や会社などのコミュニティで、無数の義務感が個人の自由を抑圧するような光景が至る所で見られる現状に鑑みるに、日本社会に必要なのは儒教的エートスにあまりにも親和性のあるコミュニタリアニズムではなく、リバタリアニズムではないだろうか。

もっと自由な社会へ

逆説的に思うかもしれないが、義務に従うのは無責任だ。例えば、外国の危険地域にボランティア活動のために行って人質に取られたら自己責任だといわれて見放されるが、会社の命令で行って同じ目にあった場合、可哀そうだから救済されるべきだと同情される。

このようにコミュニティの義務に従っている限り、この国では責任を負わされることがない。それだから、義務に従うのは、ある意味楽なのだ。責任を取らなくて良いだけでなく、意思決定に頭を悩ます必要もない。しかし、そんな人生が本当に楽しいのだろうか？

図表33を見ていただきたい。横軸に成人の知的好奇心の度合い、縦軸に成人の数的思考力を取り、ＯＥＣＤに加盟する21か国をプロットしている。日本は数的思考力ではトップだが、知的好奇心では韓国と最下位を争っている。

要するに、日本では勉強は知的好奇心を満たすためのものではなく、義務的にやらなければならないものなのである。嫌々勉強する日本人が世界トップクラスの頭脳を持っていたと

図表33　成人の知的好奇心と数的思考力

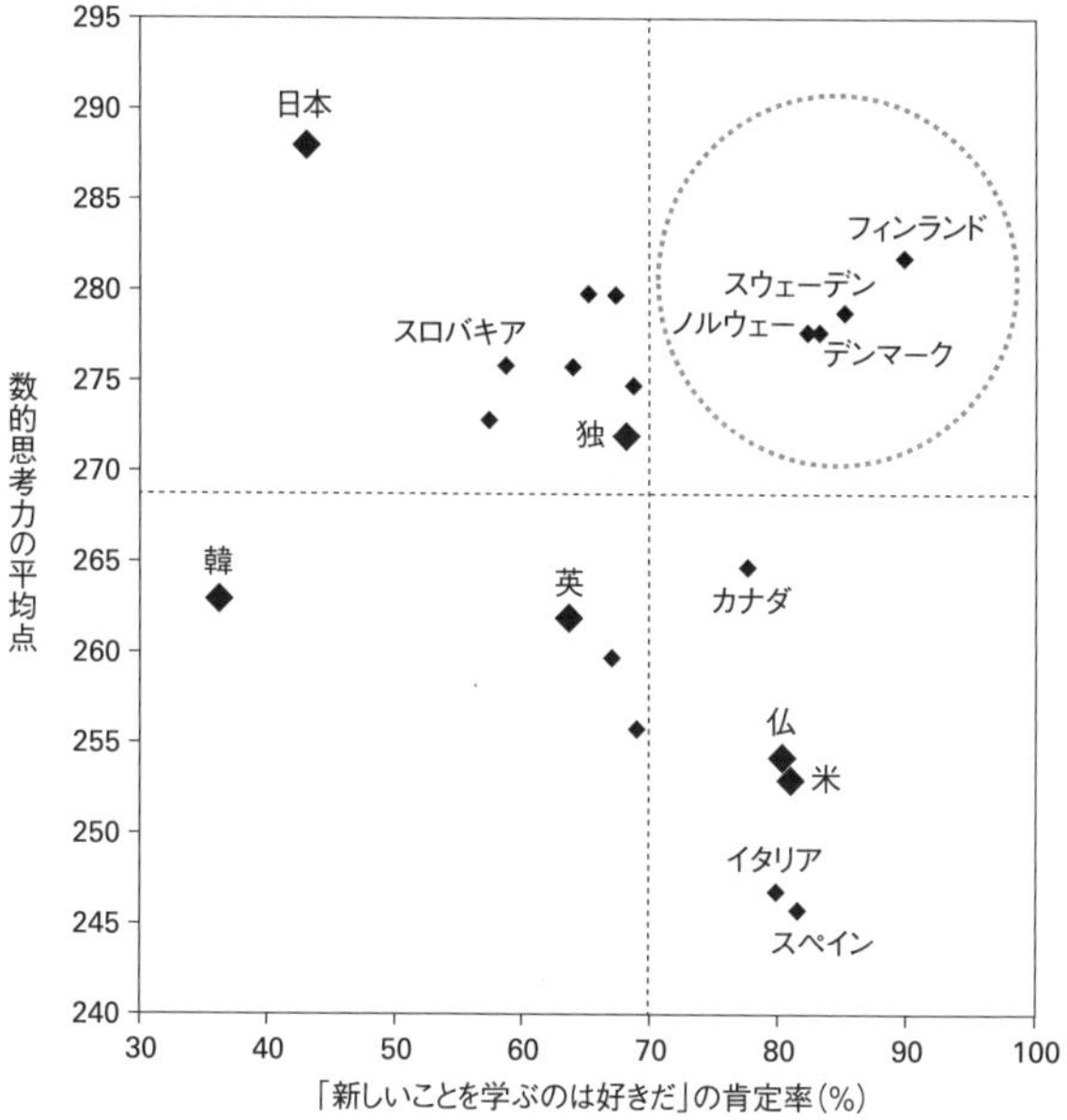

出所：舞田敏彦（2016）「日本人の知的好奇心は20歳ですでに老いている」

しても、果たして幸福といえるだろうか。

勉強したいからではなく、すべきだからする。会社に行きたくないが、行かなければならないので行く。会社の飲み会に行きたくないが、行かなければならないので行く。そうやって人生の大半を過ごし、リタイヤして義務から解放されたら何もしたいことがなくて虚無感に襲われる、なんてことになりかねない。

私が企業や業界団体の講演会に呼ばれてＡＩに続いてＢＩの話をすると、「ＢＩなんてけしからん。仕事は生きがいなんだから奪わないでくれ」と幾度かいわれたものだった。

仕事を奪うのはＡＩであってＢＩではないので、この主張にはまず誤解が根底にあるのだが、それはともかくとして、労働の義務から解放されたいと願わないところに、儒教的エートスが現れている。

仕事が本当に好きだったら、ＡＩもＢＩも関係なく、ボランティアで取り組めば良いはずだ。ＡＩが高度に進歩し、ＢＩが充実した社会では、会社の命令に従う必要がなく、真に自分が取り組みたいことに取り組める。しかし、そうした自由を恐れる人々が日本にはたくさんいる。

ただ、その点に限っていえば、儒教的エートスは徐々に薄れつつある。上司に気を使うだけのつまらない飲み会は行かない。仕事は生きがいではないので、可能な限り早く退社して遊びを楽しむといった若者が増えている。

すべきことではなく、したいことをする若者が増えているのは良いことだ。未来の社会に前適応しているのかもしれない。私たちは儒教的エートスによる抑圧から解放され、もっと自由な社会を目指すべきではないだろうか。

ワークフェアと第三の道

コミュニタリアニズムは学術的な脚光を浴びただけでなく、現実の政治にも大きな影響を与えてきた。その代表的な例が、「第三の道」という政治的な立場の形成である。

１９９７年にイギリスの首相になった労働党のトニー・ブレアは、社会民主主義的な路線にネオリベ的な路線を取り込んだ「第三の道」を掲げた。その際、「労働へといたる福祉」というキャッチコピーの下、人々の就労を促す方策がとられた。

第三の道は「ワークフェア」を取り入れた路線であるともいえる。「ワークフェア」は、生活保護のような社会扶助や失業保険の給付を行う際に就労を義務付けることである。これは、「ワーク」と「ウェルフェア」（厚生、福祉）という二つの言葉を合わせた造語であり、

1970年代にニクソン大統領のスピーチライターが作ったといわれている。

図表32（214ページ）では、社会民主主義とネオリベの融合ということで、第三の道はフレキシキュリティの近くに置かれているが、加えてコミュニティや就労を重視する立場でもあると考えてもらいたい。

ブレアは、人々を就労に向かわせることでコミュニティへの参加を促すばかりでなく、人々のコミュニティへの義務や責任を強調するといった、コミュニタリアン的な政策を展開した。

コミュニタリアニズムに対する初歩的な批判に過ぎないが、リバタリアンとしての私は、コミュニティへの参加を促すのは大きなお世話だと考え、リベラリストとしての私は、コミュニティに関わるのが苦手な弱者のことを考えていない横暴な政策だと考えている。いずれの立場からしても、私は第三の道に否定的である。

人間には、コミュニティが好きな人とそうでない人がいる。人とつるむのが好きな人とそうでない人がいる。第三の道は、そういった人間の多様性を無視している。あらゆる人間が家族というコミュニティの中で生まれ育つということは事実だが、だからといって、大人になってからもコミュニティに関わり続けることが人生において不可欠なわけではない。

第三の道は、包摂を謳っているけれど、実のところそれはコミュニティ嫌いな人間の排除をもたらしかねないのである。

もちろん、コミュニタリアンが強調するように、国家も一つのコミュニティであるから、ＢＩのような再分配政策は、コミュニティの概念なしには成り立たない。そうではあるが、国家はコミュニティ嫌いな人をも包摂するコミュニティであるべきだろう。

参加所得

「参加所得」という、コミュニタリアン版のＢＩというべき制度が考案されている。これは、イギリスの経済学者アンソニー・アトキンソンによって１９９５年に提案された制度で、条件付きのＢＩである（図表2、63ページ）。

賃金労働以外に子育て、高齢者のケア、ボランティア活動、教育・職業訓練への従事といったなんらかの社会貢献、社会参加を行っている人、加えて障害者、高齢者などが給付対象となる。要するに、障害者や高齢者を除けば、社会参加を行っている人は給付の対象となり、一方、何の社会参加も行っていない「怠け者」は給付対象から排除しようというわけだ。

この参加所得は、「ワークフェア」の一種として位置付けられる。そして、参加所得やワークフェアは、結果として「働かざる者食うべからず」という立場をとっている。

アトキンソンは、参加所得を一種の妥協案として提示している。怠け者にも給付する完全なＢＩは国民の理解が得られないから、怠け者以外の全員に給付する制度にしようというわけだ。

だが、怠け者と社会参加している者の区別がそう簡単につくだろうか？　それから、労働意欲の欠如は、身体障害や老齢などとともにハンディキャップの一種として考えられないだろうか？

社会参加を給付の前提にすることは、社会参加意欲の欠如というハンディキャップを負った人間に対する切り捨てを意味する。したがって、私はワークフェアにも参加所得にも否定的である。

ＢＩはそれ自体、労働に対するインセンティブが組み込まれており、福祉から労働へと向かわせる効果がある。したがって、最低限の生活に必要なお金を国民に給付するにあたって、就労や社会参加を義務付ける必要はないというのが私の主張だ。

5・4　なぜ怠け者も救済されるべきなのか？

ギャンブル癖は気合いで治せるか？

恐らく、障害者や重い病気の人を政府が扶助すべきでないと考える日本人は少ないだろう。だが、貧しい人を政府が扶助すべきでないと考える日本人の比率は、他の先進国と比べて圧倒的に高い。怠惰こそが貧困の主要因だと見なしており、怠け者は救済されるべきではないと考えているからだ。

そもそも、貧困の原因の多くが怠惰とは限らないのだが、たとえ怠惰であったとしても救済すべきだというのが私の考えだ。身体障害者や重い病気の人ですら政府が扶助すべきでないという考えの持ち主とは、決定的に価値観が異なるので議論は永遠に平行線を辿るだろう。だが、そうでないほとんどの日本人には、順を追って論じていけば私の考えが理解されるようになるかもしれないと期待している。

私たち人間は、自分に関するあらゆることが意志によってコントロールできるだろうか？もちろん、そんなことはない。癌やうつ病が直接意志によって治せるわけではない。ましてや、気合でなんとかなるものではない。それゆえに、そうした人たちが生活保護をもらっていても、批判を受けることは少ない。ただし、うつ病に関しては、たった30年ほど前までは気合いの問題だと思っていた人が多かったし、未だにそう思っている人もいる。

ギャンブル癖も最近では病気のように見なされ、治療の対象とされることが多くなった。それでも、ギャンブル癖を持つ者はたとえ全財産を失ったとしても、うつ病の人ほどは同情されない。ギャンブルをするしないについては、意志決定する余地が存在するからだ。多かれ少なかれ、ギャンブルでは財産を失う恐れを考慮に入れて意志決定を行う余地が存在するから、その責任は当人に担わされるのである。

その一方で、私たちの意志決定に関する心的メカニズムは、遺伝と環境（と偶然）によって決定づけられており、私たちはそのメカニズム自体を意志によって直接変えることはできない。そういう意味では人間には自由意志がない。

自由意志の否定は哲学の議論ではありふれており、少なくとも17世紀オランダの哲学者スピノザに遡れる。スピノザはこういっている。

精神のうちには、絶対的な意志あるいは自由な意志は存在しない。むしろ精神は、このこと、あのことを意欲するように原因によって決定され、この原因も他の原因によって決定され、さらにその原因も他の原因によって決定される。そしてこのように無限に進む。[*25]

人間が何かを意欲するにしても、それには原因があって、その原因にもまた原因があるので、結局意欲は因果の無限の連鎖に連なっているに過ぎない。そして、この連鎖をずっと遡行していけば、いつかは遺伝か環境という私たちの精神の外部に行きついてしまう。

例えば、Aさんが上司から陰湿な嫌がらせを繰り返し受けており、殺意を抱いたとする。嫌がらせ自体は環境要因だ。同様の嫌がらせを受けても、殺意を抱く人がいたりいなかったりするのは、遺伝と育った環境の両方に依存している。

もちろん、殺意を抱いたからといって実際に殺人を犯すとは限らない。やはり殺人を犯すべきではないと考えて実行に移さないかもしれないが、そういう倫理観も遺伝と環境に基づいて形成されるのである。

人間の心的メカニズムは全て脳に還元され、脳が物理法則に従っている限り人間は物理法則に抗うことができず、人間には自由意志がないという論法も可能だが、何も物理法則のレベルにまで降りていく必要はない。

人間に自由意志がないということは、物理学の問題というよりも、哲学的、論理学的な問題なのだ。ただし、自由意志がないということと意思決定能力がないことは同義ではないので、その点は注意が必要だ。

「人間には本来自由意志がないが、自由意志があると見なさないと責任という概念が成り立たず、そうなると社会が立ち行かなくなるので実社会では自由意志があると見なされている」などと考える必要はない。

ＡＩは人間がプログラミングした通りに動くだけなので、明らかに自由意志を持たない。だが、ＡＩは意思決定を行う。それどころか、ＡＩは部分的には意思決定に関する科学技術そのものだ。

アルファ碁という囲碁のＡＩは、どこに碁石を置くかという意志決定を行う。だからといって、ＡＩが自由意志を持つなどとは誰も思わない。人間もそれと同じで、自由意志を持たないけれど意思決定能力を持っている。

ＡＩが今のところ責任を負わされないのは、叱責されたり、刑務所に入ることに恐れを感じないからだ。そうした恐れを感じるＡＩが作られるようなことがあったら、ＡＩに責任を担わせることが意味を持ってくる。

人間が自由意志を持たなくても、恐れのような不快感を考慮に入れて意思決定を行う限り、責任という概念は意味を持つ。人間が自由意志を持たないことと、意思決定能力を有し責任を担わされることの間にはなんらの矛盾も存在しない。

ギャンブル依存症は、意志の強さに比して、ギャンブル好きの度合いが高い場合に起き得る。意志の強さというのは、このままギャンブルを続けたら財産や家族を失うという恐れを考慮に入れて、目の前の誘惑に打ち勝つ理性の力を意味する。

ギャンブル好きかどうかは、遺伝によって大部分決定されるという研究がある。しかし、環境によって決定されるにしても同じことだ。ギャンブル好きであること自体は、意志によって直接変えることができない。チョコレートが好きという好みそのものを意志によって変えることができないのと同じだ。

意志の強さも、遺伝や子供の頃の環境によって大部分決定されているという研究がある。遠い未来の便益のために、今努力したり忍耐することができないという傾向は人生を通じてさほど変化しないというわけだ。

これは、行動経済学ではおなじみの話で、夏休みの宿題を始業式の直前にまとめて取り掛かるような子供は、大人になってからも目の前の衝動に打ち勝つことができず、ついついカロリーの高いものを食べ過ぎて糖尿病になってしまうことが知られている。

誰しも現在よりも将来を軽視するが、意志の弱い人は将来得られる健康のような便益の価値を、人よりも大きく割り引いて意思決定する傾向がある。

経済学の専門用語を使って表現すると、意志の弱い人は未来の便益における「割引率」が高いということになる。割引率が高い分だけ、将来をより軽視するというわけだ。

ともあれ、意志の強さについても、決定づける要因が遺伝であろうが環境であろうが議論の大筋に変更をもたらさない。意志によって直接好みを変えられないのと同様に、意志によって直接意志の強さを変えることができないからだ。

私たちは、割引率を意志によって自在に上げたり下げたりすることができない。癌やうつ病などと同様に、気合いではどうにもならない。

このように議論していくと、ギャンブル好きだったり、意志が弱かったりすることは、一種のハンディキャップといえないだろうか？　ギャンブルで財産を失った人は同情すべき対象ではないだろうか？

自業自得とはいえるけれど、ギャンブルで財産を失うのは、地震や津波で財産を失うのと同様に、悲惨な出来事だ。

私は、自分がギャンブル好きでないことをラッキーだと思っている。ギャンブルしたい欲求を理性で抑えているのではなく、そもそも全く興味がない。パチンコ店にも競馬場にもカジノにも一度も行ったことがない。

私は決して意志の強い人間ではないが、今後カジノに行って遊ぶ機会があったとしても、ハマることはないだろう。ギャンブルにハマったことがない私は偉いわけでも何でもなく、ただ運良くギャンブル好きに生まれてこなかっただけだ。あるいは、ギャンブル好きになるような環境で育たなかっただけだ。

ギャンブル依存症の人は究極的なところ運が悪いとしかいいようがない。それにもかかわらず、ギャンブルをするしないについては意思決定する余地が存在するので、その責任を本人に負わせる必要がある。

ギャンブルで財産を失っても、特別に国が補償するということは望ましくない。もし、そんな補償が行われるならば、ますますギャンブルをするしないという意思決定の際に、する方を選ぶ人が増えてしまうからだ。地震で財産を失うというような意志の力ではほぼ回避不可能な事象とは異なるのである。

刑罰は泣いて馬謖を斬るかのごとくに

井原西鶴の『好色五人女』に収められた逸話の一つ、「恋草からげし八百屋物語」は実話に基づいた物語だ。八百屋の娘お七は15歳で、恋人に会いたいという理由で放火を行い、火あぶりの刑に処せられる。

放火は当時、何千、何万という人の命を奪う可能性があるので大罪とされていた。そうではあるが、この物語を読むと、放火がもたらす惨事や火あぶりの恐怖を考慮して振る舞うことができず、仕舞いには身を焼かれてしまうお七をただ哀れに思うばかりだ。

罪を犯し獄に繋がれたり処刑されたりするような人生は、悲惨でしかない。刑罰を恐れて犯罪を回避するという合理的な振る舞いを取り得ない理性の欠如ぶりは、一種のハンディキャップともいえる。

それにもかかわらず、犯罪を犯すかどうかに選択の余地があり、刑罰に抑止効果がある限り、無罪放免というわけにはいかない。したがって、刑罰は常に、泣いて馬謖《ばしょく》を斬るかのごとく行われなければならない。要するに、憐れみつつも罰するということだ。

もちろん、犯罪被害者やその家族が、犯罪者を憎むのは当然のことである。無期懲役になろうが死刑になろうが、哀れになんて思うことはほとんどない。

個別の犯罪に対し、公の場で犯罪者に同情心を寄せるような言葉を発することは、被害者の神経を逆なでする。それだから、こうした言動には慎重であらねばならない。

私なんかは、コンビニの傘立てに置いた傘が盗まれただけで、犯人を極刑に処すべしと思ってしまうような心の狭い人間だ。それにもかかわらず、私とは無関係な人の傘を盗んだ者が、ジャン・ヴァルジャンよろしく20年も獄に繋がれていたら、あまりにも哀れなことだと感じてしまうだろう。

人を殺した者が死刑になる場合も同様である。自業自得とはいえ、彼の人生が不幸な結末を迎えていることには変わりがない。

私はここで死刑を廃止せよと主張したいわけではない。そうではなく、人を殺さずに生きていられる私たちはラッキーで、人を殺して死刑になった者はアンラッキーだといいたいだけだ。

本来であれば、どんな人間であっても幸福に生きる権利がある。ところが、残念ながら神はこの世を不完全に作ってしまったので、放っておけば犯罪に手を染めてしまう人間は少なくない。国家はいわば、神の失敗の尻拭いをするかのように、犯罪者に刑罰を加えざるを得ない。犯罪者をたとえ憐れんだとしても、罰しないわけにはいかないのである。

浄土真宗の言葉に「本願《ほんがん》ぼこり」という言葉がある。人間は、みんな煩悩を持った悪人であるが、それを自覚した者こそが、阿弥陀仏による救済の対象になるという「悪人正機」を、親鸞は説いた。

この悪人正機を誤解し、犯罪を犯してもどうせ救われるならば、積極的に悪事をなそうと考える者が現れた。これが「本願ぼこり」である。そうした噂を耳にした親鸞は「くすりあればとて、毒をこのむべからず」と述べた。つまり、薬があるからといって毒を飲むのはおかしいというわけである。続いて、本願ぼこりをなした者であっても、往生できないというわけではないと説いて、阿弥陀如来の無差別の慈悲を強調する。

私は何の信仰心もない人間だが、悪人正機を「人間は多かれ少なかれ悪事をなすものだが、それにもかかわらずどんな人間であっても幸福に生きる権利がある」という意味にとらえると合点がいくと思っている。

ところが、彼岸のことはともかく、此岸のこの社会は、犯罪者を罰しなくては立ち行かない。刑罰なくしては、本願ぼこりが生じるがごとく、積極的に悪事をなす人間がはびこってしまうからだ。

怠け者はアンラッキー

ギャンブル依存症にせよ、犯罪にせよ、それらは経済学でいう「限定合理性」の問題である。もし、人間が完全に合理的に行動できるならばおよそ、財産や家族を失うような破滅的なギャンブルは行わないだろうし、刑罰を恐れて犯罪に手を染めることもないだろう。もちろん刑罰を全く恐れない犯罪者については、その限りではない。

多くの人々が、合理的に振る舞い身の破滅を避けることができるわけだが、合理的に行動できない人もいる。ただし、後者の人でもある程度刑罰を恐れて、犯罪を控える可能性があるので、刑罰は意味を持つ。

逆にいえば、意思決定能力がなく、合理的な振る舞いを取ることが全くできないと見なされる人は、無罪放免ということもあり得る。実際、責任能力なしと鑑定された精神障害者や子供は、刑罰を科せられることがない。

人に意思決定能力がなければ、刑罰という脅しは効果を持たず価値を持たない。だからといって、報復感情を晴らすための、刑罰の価値までが失われるわけではない。とりあえず、責任能力がない者にも刑罰を加えるべきかどうかという議論には、ここでは立ち入らないことにする。

かなり遠回りをしてしまったが、ここでようやく怠惰がもたらす貧困について考えることにしよう。まず、あなたが、努力して良い会社に入り、充実した仕事を営んでいて、たくさん稼ぎがあるとするならば、それは究極のところ運が良いだけだといえる。

努力したとしても、成功するか否かは運で決まるということを強調したいわけではない。それよりも重要なのは、「努力する能力」を授かったこと自体が運の賜物だということだ。賢く生まれたならば運が良いし、努力して賢くなったのであっても努力する能力に恵まれているわけだから、やっぱり運が良いといえる。労働意欲が高いということは、その要因が遺伝にあるにせよ環境にあるにせよ、いずれであっても運が良いことに変わりがない。

以下では、ホームレスになる運の悪さについて考えてみよう。私は、ホームレスに対してなぜあいつら働かないんだと理解を示さない人とこれまで幾度か議論したことがあるが、例えば次のようなケースを想像してみてほしい。

中学生の時に、クラス全員から無視される、授業中背中にコンパスを刺される、などの凄絶なイジメを受けて人間不信になり、高校は合格したもののほとんど行くことができなかったため退学し、それ以降ずっと実家で引きこもり状態に陥っているという35歳の男性がいたとしよう。

彼はとにかく他人と会うのが怖くて仕方ない。他人と会っただけで、いじめを受けていた時の苦痛に満ちた光景がフラッシュバックし、吐き気を催してしまう。今は親が食わせてくれているが、親が亡くなった後は収入の当てが全くなく、ホームレスになるしかない。

彼は怠惰ゆえにホームレスになるわけではないだろう。そんな彼に対し、がんばれ、努力しろ、働けというのは酷なことだ。彼がこんな境遇に陥ったのは、運が悪いからではないか。障害者が公的扶助を受けられる一方、彼がなんらの扶助も受けられないとすれば、それはおかしなことではないだろうか。

他方で、ホームレスになる理由が仮に怠惰であったとしても、やはりそれは運の問題で同情しないわけにはいかない。なぜ怠惰ゆえにホームレスになるのかというと、それは労働意欲が低いのに加えて、ホームレスを回避するために嫌でも働くという意志の強さを持たないためと考えられる。

もちろん、望んでホームレスになる場合はその限りではないが、ほとんどの人はホームレスになって凍死の危険になどさらされたくないと願うだろう。

これまでの考察から明らかなように、労働意欲が低いのも意志が弱いのも、全てはハンディキャップの一種であり、怠け者は究極のところ運が悪いのである。

怠け者になるかどうかは、全て遺伝と環境（と偶然）によって決定される。だから、本来であれば障害者や重い病気の人同様に幸福に生きる権利があり、救済が必要だ。

それにもかかわらず、怠惰は限定合理性の問題であり、障害者や重い病気の人とは同列には扱えない。すなわち、怠惰に陥っても、ギャンブル依存症や犯罪と同様に意思決定の働く余地はある。だから、当人に責任を全く負わせないわけにはいかないのである。

ところが、犯罪者に刑罰を加えて犯罪を抑止しないといけないのとは異なって、怠け者が国から給付を受けて大手を振って街を歩いていても、さしたる害も生じない。

もちろん、怠け者に王侯貴族のような生活をさせたら怠ける人が増大して、今のところ経済が立ちゆかなくなることは必至である。それゆえに、生活に必要な最低限の給付に留める必要がある。

また、「オレが身を粉にして働いた金で、遊んで暮らしやがって」という恨みの気持ちを抱く人は少なくないだろう。しかし、そこはなんとか慈悲の心で乗り切ってほしい。なにしろ、あなたが仕事で成功しているとしたら、あなたはただ労働意欲や能力に恵まれていてラッキーなだけなのだから。それを意識したら、怠け者に生まれついたり育ったりしたアンラッキーな人たちも救済されるべきだと思えてこないだろうか。

ロールズの「無知のヴェール」

現代的なリベラリズムの基礎を築いたアメリカの政治哲学者のジョン・ロールズは、「無知のヴェール」という有名な思考実験を行った。以下では、その実験をやや戯画的にアレンジして描いてみよう。

生まれる前の魂というものを仮に想定して、その魂がどこの国のどの妊婦の胎内に宿るか分からないものとする。どんな能力を持って生まれるのか、どんな家庭で育つのか、全く分からない状態だ。

これが無知のヴェールである。そうしてその魂同士が話し合って、生まれる先の社会がどのような制度だったら良いかを決めることにする。

魂たちは、ホームレスになって野垂れ死んだり凍え死んだりするような最悪な状態を避けられるような制度設計をするだろう。どんな才能、どんな環境に生まれついたとしても、最低限以上の暮らしが営めるようにするだろう。

最大の不幸が最小になるようにするというわけであり、これを格差原理という。余談になるが、菅直人が首相の時に「最小不幸社会」というキャッチコピーを掲げたことを記憶している人も多いと思われる。「最小」も「不幸」もネガティイヴな印象を持つ言葉なので評判が良くなかったが、これは「ネガティィヴ×ネガティィヴ」で当然意味としてはポジティィヴであり、ロールズの格差原理に基づいた由緒正しいコピーだ。

この思考実験が面白いのは、人間に自由意志が存在しないことを、私が先に述べたのとは別の形で示しているからだ。この実験では、「オレはどんな境遇に生まれついたとしてもちゃんと働くので、最低限の生活保障は必要ない」などという理屈は成り立たない。現に働かずにホームレスになっている人がいる限り、そういう人にあなたの魂が宿る可能性は否定できないのだ。

もちろん、生まれながらにホームレスというわけはなかろうが、ホームレスになるべき環境のもとにあなたは子供として生まれることもあり得るというわけだ。

あなたに克己心や労働意欲があったとしても、それは今生のあなたの性格というに過ぎなくて、この思考実験の魂にそうした性格を持ち込むことはできない。いい方を変えれば、魂自体には何の能力も性格も付随していない。私たちの魂は、ある人間に生まれついた後、人生を映画のように見せつけられるだけだ。良い映画を見せられるのか、悪い映画を見せられるのかは、サイコロを振るようにランダムに決められるのであって、私たちに選択の余地はない。

パスカルは、「私はどうしてここにいてあそこにいないのか」と自問したが、それに明確な答えはなく、ただの偶然でしかない。あなたがホームレスでなくて会社員なのも、単なる偶然でしかない。

そうだとしたら、この社会にはＢＩが必要だということにはなってこないだろうか。ホームレスになって野垂れ死ぬような人生にならないような社会制度にしようという気持ちが湧いてこないだろうか。

それにもかかわらず、ロールズ自身は、実はＢＩを否定している。一日中、海辺でサーフインで遊んでばかりいる「フリーライダー」（ただ乗りをする者）を食わせてやる義理はないという理屈だ。もっと困っている人が世の中にはいるはずであり、その人に政府のお金を使うべきだというのである。例えば、ワーキングプアのように働いているにもかかわらず貧しい人は、遊んでいるサーファーよりも不幸な状態にあると考えられるというわけだ。

それに対し、ＢＩ支持者のトニー・フィッツパトリックは、『自由と保障』で四つほど反論を並べている。そのうちの一つは、フリーライダーとそうでない者を見分けることが困難だという反論だ。

フィッツパトリックの議論に、私は次の反論を付け加えたい。まず、サーファーの親が裕福であるために遊んで暮らしているのだとすると、彼の親は多額の税金を払っているだろう。したがって、世帯単位で見た場合にはサーファーはフリーライダーではなくなる。

次に、裕福でもないのにサーフィンをし続けて、仕事があるのに仕事をしようとせずに、稼ぐためのスキルを身に付けずにいて、いずれ困窮していくという場合は例の怠け者の話になる。

いずれ貧困に陥るにもかかわらず、サーフィンをやめられないこのサーフィン依存症の者がホームレスになったとしたら、ワーキングプアよりも悲惨であるかもしれない。

偉大な政治哲学者であるロールズに宿った魂はラッキーだったが、その魂はサーフィン依存症の人に宿っていたかもしれない。

ロールズの魂にとって、偉大な政治哲学者であるという性質は偶有的だ。人間の魂にとって、全ての能力や性格は偶有的なものに過ぎない。

そのような偶有性を意識することができれば、どんな悪人や怠け者に対しても憐憫の情が持てるようになるかもしれない。

だからといって、私たち一人一人は、神でもなければ阿弥陀如来でもないので、全ての人々に救いの手を差し伸べることなどできやしない。

それでもＢＩの導入に成功しさえすれば、誰もが救われ最悪の貧困から逃れられるような社会を築くことが可能となる。

５・５　労働は美徳か？

社畜のみなさんに残念なお知らせ

そもそも労働意欲がないこと、怠惰であることはそんなに罪深いことであろうか？

ＡＩが高度に発達し、ＢＩが普及した未来の社会である「脱労働社会」では、むしろ勤勉であることは今ほど美徳ではなくなるだろう。

「脱労働社会」は、今日「社畜」などと呼ばれ猛烈に会社に奉仕する人たちにとっては、大変残念な社会となる。労働に生きがいを感じているそうした人々は、早晩価値観の転換を迫られるだろう。

しかし、それは難しいことではなく、人々は労働しないことにすぐ慣れるものと考えられる。なぜなら、労働は人間の本質でもなんでもないからだ。

近世・近代はあくせく働いてより多くの賃金を得ることが美徳とされた特殊な時代である。人類は有史以来のより長い期間を通じて、労働をそれほど尊ぶことはなかった。とりわけ古代ギリシャでは、労働は主に奴隷の役割であり、市民には忌み嫌われてすらいた。ところがルネサンス以降のヨーロッパ人は、古代ギリシャを自分たちの精神的な源流と見なしていたはずだが、彼らこそがむしろ勤労道徳をいち早く身に付けるに至った。

軍事革命と資本主義

私たちが死に至るくらい労働に勤しまなければいけなくなった災厄のそもそもの始まりは、宋朝の中国で発明された銃や大砲などの火器が、モンゴル帝国を通じて14世紀のヨーロッパに伝播したことにある。それから二世紀を経た16世紀の「軍事革命」によりヨーロッパの軍隊は様変わりし、槍を携えた少数の重装騎兵に代わって、マスケット銃を持った多人数の横列歩兵がその主力となった。

大砲は当初、戦場においてその轟音が敵方への脅しになるという程度の役割しか果たさなかった。ところが、1453年にオスマン帝国のウルバン砲がコンスタンティノープルの堅固な城壁を破砕し、さらに１４９４年にフランス王シャルル８世が率いた40門以上の攻城砲がイタリアの城塞を一日で陥落させ、その有効性は誰の目にも明らかになった。

砲撃に耐え得る新しいタイプの要塞（イタリア式築城術に基づいた要塞）の建築、火器の大量生産、多人数の兵士のための兵站など、戦争には莫大な金が掛かるようになった。軍事革命以降の君主が他国を首尾良く征服するためには、勇猛果敢な兵士よりも、軍隊の編成と維持に費やされる資金が不可欠だったのである。また、弾道計算や兵士の編成に数学が必要となり、「16世紀の軍事教本には、平方と平方根の表が載っているのが通例だった[*26]」のである。

数学は歴史的に、中国、インド、イスラム圏などの各地域でも断続的には発達したが、軍事上の必要ゆえに近世のヨーロッパでは急速かつ持続的に発達させられ、世界は徹底して数量化されて把握されるようになった。

こうして戦争の勝敗を決するのは、騎兵の勇猛さではなく経済力と科学技術力となり、ヨーロッパ各国の主権者は、軍事力を支える経済力の増強のために重商主義政策を採用するとともに、科学技術を振興した。経済力と科学技術力の絶え間無い発展は18〜19世紀に産業革命を発生させるに至り、イングランドを始めとする西ヨーロッパ諸国の経済は、資本主義（産業資本主義）へと移行した。

ドイツの社会学者ヴェルナー・ゾンバルトがいうように、ヨーロッパの戦争が資本主義を生み出したのである。経済発展は、とりわけ第二次大戦後には人々の生活の向上のために促進されもしたが、重商主義の時代にはそうではなく、他国を併呑《へいどん》し蹂躙《じゅうりん》するために目指された。

ドイツの社会学者マックス・ウェーバーは、プロテスタンティズムの禁欲主義や勤労道徳が資本主義の精神をもたらし、後にはそのような禁欲主義の支えなしに資本主義が自立して営まれるようになったと述べたが、むしろこういうべきであろう――戦争が資本主義を生み出したが、後には戦争なしでも資本主義の営みが続けられるようになった。

勤労道徳は拷問によって作り出された

ウェーバーの説は様々な批判にさらされてきたが、プロテスタンティズムが勤労道徳を醸成する役割を果たしたのは確かであろう。

中世ヨーロッパでは、共同体内での相互扶助が行われていたし、歴代の教皇は度々貧困救済に尽力していた。「金持ちが天国に入るのはラクダが針の穴を通るより難しい」というキリストの言葉に現れているように、貧困は神の御心にかなうことと考えられ、教会は積極的に貧しい人々に施しを与えた。

ところが、近世が始まるとこうしたキリスト教に基づいた救貧思想は大きな転換を遂げる。16世紀、宗教改革の指導者マルティン・ルターは怠惰を厳しく糾弾し、労働は人々の神聖な義務だと訴え、乞食の撲滅を図った。

それにもかかわらず、「人々はプロテスタントになることによって自ら勤労道徳に目覚めた」というよりは、「経済発展を背景に、支配者がプロテスタントの教義とともに暴力を用いて人々に勤労道徳を植え付けた」という方が実情に即している。

例えば、16世紀のイングランドでは「救貧」の名の下に、乞食に血の出るまで鞭打ちを加えたり、貧民を矯正院に収容し労働を強制させたりして、人々を盛んに労働へと駆り立てた。オランダでは、怠け者は地下牢に閉じ込められ水を注ぎこまれた。彼はポンプで水を排出し続けなければ溺れ死んでしまうのである。18世紀のフランスでは、物乞いは犯罪行為と見なされ、乞食にはMという焼印が押された。[*27]

このように、私たちが今当たり前に思っている勤労道徳は、近世の支配者によって拷問を用いて暴力的に作られた。

16世紀から17世紀にかけて、「矯正院」とか「ワークハウス」（労働の家）と呼ばれる強制労働施設が西ヨーロッパの至る所に作られている。ドイツ内のプロテスタントの地域では63のワークハウスがあったのに対し、カトリックの地域では10以下であったという[*28]。プロテスタントの教義が勤労道徳を人々に植え付けるのに役立てられたのは確かだが、カトリックの地域でも同様のことは行われていたのである。

ポーランドの歴史家ブロニスワフ・ゲレメクは、『憐れみと縛り首』で

社会保護の手段として労働を求めるやり方は、なにもプロテスタント独自の発見でもなければ、プロテスタント諸国の社会政策に固有のものとみるべきでもない[*29]。

と述べている。

それでは、勤労道徳が普及した根本要因とは何かといったら、それは経済発展である。それが証拠に、オランダのような当時の経済的な先進地域で、とりわけ苛烈な拷問が怠け者に対して加えられている。

ゲレメクはこうもいっている。

「労働による矯正」と強制労働というプログラムは、経済発展の面で中心地となり先進性を示した地域と関連性があると思われる。プロテスタンティズムの倫理に基づく社会的な姿勢というのは、工業発展の道を歩み出した社会の必要に応じて現れたものであった。[*30]

軍事革命以降のヨーロッパで商業資本主義の発展が起こったが、その発展には勤労が必要であり、勤労道徳を植え付けるためにプロテスタントの教義とともに拷問が用いられたのである。

東アジアでは安定と秩序が好まれた

日本人の先祖たちは、キリシタンであることで拷問を加えられることはあっても、怠け者であるという理由で厳しく弾圧されることはなかった。

せいぜい二宮尊徳が、寒い日に仕事中焚火にあたって雑談していた労働者を怒鳴りつけて、裸で働くことを命じたとか、怠け者の農民に手鎖をつけたといったエピソードが残っているくらいである。二宮尊徳は、儒教的エートスを農民に広め、勤勉性を身に付けさせようとしたが、結局のところ成功しなかった。そういう意味では、二宮は失敗した東洋のルターである。

歴史学者の速水《はやみ》融《あきら》氏が、江戸時代に「勤勉革命」が起こったという説を唱えた。農業において、それまで使っていた家畜を減らして、人間の労働力をより多く投入するようになったという説である。しかし、実際には一部の農民が勤勉になったに過ぎない。幕末に訪れた欧米人は、日本人の労働時間の短さに驚いたほどである。

それではなぜ、ヨーロッパで生まれた勤労道徳が日本人にも血肉化されていったのかというと、19世紀に「近代世界システム」（近代的なヨーロッパの経済システム、後述）が全世界を覆い尽くし、軍事革命以降の狂乱的な軍拡競争に日本も巻き込まれるようになったからだ。それまで、日本も中国も長い平和を謳歌していたので、なんともはた迷惑な話である。

大砲は宋朝中国で生み出されたが、明朝以降の長く続く平和の中で軍事技術は停滞した。明の軍隊は国境を脅かす新興の女真族《じょしん》に対し、自国で開発された大砲ではなく、ポルトガルから伝わったフランキ砲で迎え撃たなければならなかったほどだ。女真族は明を打ち破り中国に清王朝を立てたが、やはり軍事技術の進歩は滞り、その末期には承知の通りアヘン戦争でイギリスに打ち負かされている。

日本でも戦国時代の末期に軍事革命が起き、我が国はヨーロッパ以上の銃の生産国となった。続く安土桃山時代は、日本が歴史上軍事的に世界最強だった可能性のある唯一の時代だ。

だが、江戸時代に軍縮が成され、軍事革命の成果は捨て去られた。東アジアではイノベーションや経済発展よりも、安定と秩序が好まれたのである。

ヨーロッパ世界経済から近代世界システムへ

イギリス出身の歴史学者エリック・ジョーンズは、近世以降のヨーロッパに見られるような、小国が乱立し覇権を争う状態を「諸国併存状態」と呼んだ。

アメリカの社会学者イマニュエル・ウォーラステインは、「諸国併存状態」の代わりに「世界経済」という言葉を用いた。この「世界」というのは、さしあたっては地球全体ということではなく、東アジア世界とかイスラム世界、ヨーロッパ世界といった各地域である。

日常的な財の交換が行われているこのような広い地域のことを「世界システム」という。「世界システム」のうち、政治的統合のあるものが「世界帝国」であり、統合のないものが「世界経済」である。世界経済は多くの場合、政治的に統合されて世界帝国に変質するが、近世ヨーロッパの世界経済は唯一統合を逸れ、やがて地球上の全ての諸地域を包摂するに至った。ウォーラステインは、それを「近代世界システム」と呼んでいる。

諸国併存状態＝世界経済がかなり長く続いた歴史的な例が他にもあって、最も顕著なのは、中国の春秋戦国時代である。

中国のこの時代は、様々な意味で近世・近代を先取りしている。例えば、明治政府の用いたスローガンである「富国強兵」は、元々戦国時代の諸侯が採用した、国の経済力を高め軍事力を強化するような方策を意味する言葉であった。

戦国時代には国家間の争いは熾烈を極め、一度の戦争で数十万人の死者を出すこともあった。それは、貴族だけでなく庶民や奴隷も兵士として駆り出されたからであり、秦では特に身分制度がなし崩しにされていった。

国民皆兵の制度はフランス革命直後に誕生したといわれているが、それより2000年ほど前の中国で既に誕生していたのである。

「総力戦」は国家の存亡を賭けた戦いであり、そこには経済力や科学技術力から思想に至るまで全ての国力が動員される。史上最初の「総力戦」は、第一次世界大戦であるといわれているが、戦国末期の戦争は既にして「総力戦」の様相を呈していた。

思想といえば、ヨーロッパの思想の多くが近世・近代に生み出されたのと同様に、中国の思想のほとんどが春秋戦国時代に生まれている。儒教（儒家）、道教（道家）、墨家、兵家、法家など「諸子百家」といわれる様々な思想が花開いたのである。

結局、法家の法治主義を取り入れた秦が天下を統一するのだが、法治主義もまた近代に先立つこと２０００年前に既に存在していたといえる。

春秋戦国時代の分析は、近世・近代の分析に役立つ。要するに、こうした春秋戦国時代の近代との類似性は、ヨーロッパが世界に先駆けて近代化に成功した主要因が、諸国併存状態にあることを証拠づけているのである。

もちろん、春秋戦国時代の世界経済が拡充して地球全体を覆うことも、資本主義を誕生させることもなかった。その時代には地球規模の交通手段がなかったし、資本主義に必要な機械設備もなかったので、当然であろう。

逆にいえば、大航海を可能にした交通手段と機械時計を作成できるほどの機械技術が発達した近世の時代に、中国は明朝および清朝の下に安定した世界帝国を築いて安穏としていたので、近代世界システムや資本主義を生み出すことができなかったのである。

17世紀の世界地図を広げると、ヨーロッパ以外のユーラシア大陸は、世界帝国（近世帝国）に支配されている。東アジアに清朝中国、インドにはムガール帝国、中東にはオスマン帝国があり、その他の大部分の領域にロシア帝国が広がっている。

それに対し、ヨーロッパでは、その大地がアルプス山脈、ピレネー山脈、ドーバー海峡、アルデンヌの森などの自然の障害物で区切られているため、全地域を支配するような帝国が現れず、諸国併存状態が果てしなく続いた。多数の国家が併存していて、各国が互いに優位性を競っていたのである。

今のドイツを中心に神聖ローマ帝国が広がっていたが、フランスの思想家ヴォルテールがいったように、それは「神聖でも、ローマでも、帝国でもなかった」。内部に分割された300以上の領地を抱え込んでおり、一つのまとまった帝国とは見なせなかったのである。

イギリス出身の歴史学者ジェフリ・パーカーの『長篠合戦の世界史―ヨーロッパ軍事革命の衝撃 1500〜1800年』によると、ヨーロッパ地域における完全な平和は、16世紀では10年、17世紀では4年、18世紀では16年足らずであったという。

ヨーロッパが勃興した理由やイギリスが最初に産業革命を実現した理由は、様々に論じられてきた。イギリスは広大な植民地や地中の浅いところに石炭を有していたが、中国はそれらを有していなかったとポメランツは述べた。アメリカの歴史学者ロバート・アレンは、イギリスの賃金が高かったことを理由に挙げた。

それらのほとんどが、恐らく産業革命実現の多少の要因にはなっているだろうが、最も決定的なのは「諸国併存状態」が絶えざる戦争状態をもたらしたことであると私は考えている。

勤労道徳は明治政府が国民に植え付けた

勤労道徳は16世紀のヨーロッパに生まれた風土病に過ぎないが、近代世界システムの広がりとともに地球上に蔓延し、我が国は幕末の黒船の来航を契機にこのシステムへの包摂を余儀なくされた。いい換えると、地球上が諸国併存状態となり、日本も覇権の競い合いに参画するようになったのである。

それゆえ、現在私たちが自明の存在のように見なしている勤労道徳は、ユーラシア大陸の西の端のヨーロッパで発生し、東の端の日本に伝播して蔓延した病に過ぎない。ただし、日本でもスペイン風邪に感染するように人々が自然と勤労道徳に取り付かれるようになったというよりは、政府による人為的な押し付けがあった。

明治政府にとって急務だったのは、富国強兵を図るために勤勉な国民を作り出すことだった。そのために二宮尊徳が勤勉のシンボルとして修身の教科書で扱われたり、承知のように全国の小学校にその銅像が建てられたりした。二宮は死んだ後に成功したルターとなったのである。

時代が下るにつれて儒教的エートスが浸透し、勤勉は国民の義務と化していき、裕福な家庭の子女でも遊んで暮らすことは許されなくなっていった。

明治時代には、文化の担い手として許容されていた「高等遊民」も、次第にその地位は低められていった。「高等遊民」は、エリート教育を受けたにもかかわらず仕事をせずに、読書などをして過ごす戦前の若者たちを指している。

今では、お金持ちであろうがなかろうが、働かない者はニートなどといわれ、すっかり軽蔑の対象となってしまったが、それもこれも明治時代以降、政府が国民に勤労道徳を植え付けてきた成果である。

私は勤労道徳の歴史的役割を必ずしも否定しない。日本が近代化する過程で、ある程度は必要だったのかもしれない。しかし、私たちはいつまでもそれを強迫観念のように抱いているべきではない。

もちろん、貧しい家庭であるにもかかわらず家族に働かない者がいたら、働いてほしいと誰もが願うことだろう。だが、それは赤の他人がとやかくいう問題ではないし、ましてやお金持ちの子女が遊んで暮らしていたところで、何か不都合でもあるのだろうか。

貧しい家庭の子女は汗水たらして働かなくてはならないことを考えたら、不公平じゃないかと思うかもしれない。だが、そもそも貧富の差のあることが不公平であり、その差を縮めるには再分配を強化すべきであって、一人一人の生き方に対して、あれこれと口を挟むのは野暮というものではなかろうか。

ここで、私は「儒教的エートスvs.リバタリアニズム」という対立軸を想定している。儒教的エートスに基づけば、お金持ちであっても遊んでいないで働くべきだということになるし、リバタリアニズムに基づけば、働こうと働くまいと各人の自由ということになる。

儒教的エートスは「失われた20年」の間に一面では強化され、いわゆる「生きにくい社会」を作り出している。先に述べたように、過度の儒教的エートスを中和するには、ネオリベ＝シバキあげ主義とは異なる真のリバタリアニズムを今一度輸入し直す必要がある。

そうしたところで、遊んで暮らすことは相変わらずお金持ちの特権に留まる。貧しい人も含めて全ての人々にとって働かない自由が実質的なものとなるには、ＢＩの導入が必要となる。

7万円の給付額で会社を辞める人は極わずかだろう。しかし、ＡＩによる爆発的な経済成長が実現するならば、この給付額は増大させることができる。究極的には全ての人々に怠惰になる実質的な自由が与えられることになる。

私たちは、近代以前の勤労道徳が支配的ではなかった時代の価値観を取り戻すことで逆に、近代という時代を乗り越えて先の時代へと歩みを進めることができる。

人々は産業革命以来、長い時間を通じて「賃金奴隷」であり続けたが、未来において私たちはそこから解き放たれることに歓喜し、勤労道徳を半ばお払い箱にすべきだろう。

5・6　人が人であるために
人間は奴隷の支配によってのみ自由を得る

前章で述べたように、社会保障制度を変革せずにAＩのみが高度に進歩した未来の経済はディストピアになるが、BＩを導入し、これを反転させてユートピアにすることも可能だ。

そもそもユートピアとは、資本家による搾取がない社会というよりも、労働が必要なくなった社会であると考えられる。労働こそが人間に疎外をもたらす根本要因だからである。

ハンナ・アーレントは『人間の条件』で、人間の営みを「労働」「仕事」「活動」の三つに分けて分析し、「労働」が優位になった近世・近代以降の社会を批判した。

私たちは生命を維持するために、米や肉を消費しなければならない。そうした消費される商品を生産することこそが「労働」である。つまり、労働は生きるための営みに他ならず、労働しているさなかの人間は、シマウマを狩るライオンと同様で、動物として生きている。

人間は、もし労働と消費のみを営むとするならば、生まれて生きて死ぬという動物的な生命過程をただ辿っているに過ぎない。

「仕事」はすぐに消費されてしまうものではなく、永続的な構築物を作る営みである。「仕事」によって作られる具体物は、詩や音楽、家具などであり、こうしたものは製作者の死後も残る可能性がある。つまり、仕事は死すべき人間の慰みになるような永遠性を有したものの制作を意味している。

「活動」は多様で平等な人間同士の対話を意味しており、具体的には政治的な活動がこれに相当している。アーレントは、活動こそが孤立しては成し得ない最も人間的な営みであるとしてその優位性を説いている。「活動だけが人間の排他的特権であり、野獣も神も活動の能力をもたない」[*31]のである。

活動はまた、一人一人ユニークであるところの人間の正体を明らかにし、彼・彼女が何者であるかを暴露する役割を果たす。その際、活動する人間自身は自分が何者か分からないままである。

人間の正体は、守護霊（ダイモン）のようなもので、相対した他人には当人の肩越しに見えるが、自分自身には見えない。これはまさに、活動が他者との関わりの中で生まれる社会的な営みであることを示している。
アーレントは特に「活動」を重視しており、その点に限れば、彼女の思想はコミュニタリアニズムと重なっている。
これら三つの活動的生活のうち、「労働」は古代ギリシャで「蔑まれた最低の地位」にあったが、近世にはルターによって人々の神聖な義務となり、近代にはジョン・ロックによって「すべての財産の源泉」として評価され、遂にはマルクスによって「最も人間的で最大の力」という高みにまで引き上げられた。[*32]
アーレントは、こうした近代における価値転倒をさらに転倒させ、労働をその地位から引きずり下ろすとともに、仕事と特に活動の復権を企図している。彼女は、古代ギリシャの労働観について、

労働することは必然（必要）によって奴隷化されることであり、この奴隷化は人間の生活の条件に固有のものであった。人間は生命の必要物によって支配されている。だからこそ、必然（必要）に屈服せざるをえなかった奴隷を支配することによってのみ自由を得ることができたのであった。[*33]

と述べている。これは人間が人間であり続けるには奴隷を所有する必要があるという戦慄的な考えを示している。

逆に、労働を担う奴隷に転落することは、人間から家畜になるようなものであり、死より悪い境遇とさえ考えられた。プラトンは、奴隷が自殺もせずにのうのうと服従的な地位に甘んじていることを軽蔑していたという。

勤労道徳に染まり過ぎた今の日本人には、そこまで徹底して労働を蔑む古代ギリシャの労働観には同調し難いものの、労働によって自分の自由な時間が奪われることくらいは理解できるだろう。

ＡＩとＢＩによる革命がもたらすもの

マルクスによれば、賃金は生命を維持し労働力を再生産するのに必要な額、簡単にいえば自分と家族を養うのに精いっぱいの額に抑えられる。

月20万円くらいの給料で家族３人を養う状況をイメージしてもらいたい。マルクスの生きた19世紀には、全ての労働者がそれくらいのギリギリの生活を強いられていた。

労働者は賃金相当の生産を行うのに必要な時間である「必要労働時間」を超えて働かされる。その余分な労働時間は「剰余労働時間」と呼ばれる。必要労働時間6時間で剰余労働時間が3時間であるならば、労働者は6時間分の賃金しかもらうことができないにもかかわらず、一日9時間働かされることになる。3時間分の労働の成果は資本家に奪われる。

例えば、労働者が30万円分の成果を生み出しているのであれば、20万円は給料となるが、10万円は資本家のものとなる。こうして資本家の取り分である剰余価値が生み出され、搾取が発生する。

ところが、必要労働時間の方もアーレント流にいえば、動物的な生命過程によって奪われていることになる。必要労働時間を6時間とすると、その6時間は生命維持のために必要な時間であり、人間らしく自由に生きることのできない時間となる。

自分の時間を資本家に奪われるのも生命過程に奪われるのも、奪われることには変わりない。戦場で撃ち殺されるのも津波にさらわれて命を落とすのも、死であることには変わりないのと同様である。

マルクスは「疎外された労働」が「人間的本質を疎外する」と述べたが、正確にはこういうべきだろう。あらゆる労働が人間的本質を疎外する。労働は人間を人間でいられなくし、ただの「労働する動物」に変えてしまうからだ。

資本家に搾取されていない自営業者であっても、生活の手段に過ぎない労働に多くの時間を費やしている限り、「仕事」や「活動」に打ち込むことができず、真に人間らしく生きることはできない。そうであるならば、労働者は資本家による支配から解放されるべきというより、労働そのものから解放されるべきではないだろうか。

したがって、目指されるべきなのは、「労働者が資本家に搾取されない社会」ではなく、「全ての人々が労働することなく資本家のように不労所得によって暮らせるような社会」、つまり「脱労働社会」である。

高度にオートメーション化された経済である純粋機械化経済の実現は、そのような社会の前提となる。しかし、既に述べたように何の社会保障制度もなければ、純粋機械化経済はこの世をディストピアに変えてしまう。

それを反転させてユートピアにするには、ＢＩのようなユニバーサルな社会保障制度が導入されなければならない。

いっそのこと、全ての機械と工場を国有化してその収益を平等に分配すれば良いのではないかという主張もあろう。だが、私的所有の廃絶には、専制と暴力、黙示録的革命がつきものである。

すると、遠くない未来にユートピアらしきものがもたらされるとしたら、ＡＩとＢＩの革命による以外にないと考えられる。それは、政治的には今の民主主義体制と変わりないが、経済的には労働から解放されるという意味で、20万年前に人類が誕生して以来最大の革命となる。

ＡＩとＢＩが普及し、労働が消滅した未来の社会をディストピアと見なす者もいるだろう。だが、熱力学の平衡状態みたいな何の変化も起きない退屈な世の中になるかといえばそうとも限らない。それは、アーレントのいう「仕事」と「活動」に専念できる社会となるはずだ。

実をいうと、アーレント自身はその点について懐疑的である。

オートメーションがますます発達したために開かれた可能性を眼にすると、昨日のユートピアが明日のリアリティになるのではないかと疑っても当然であろう。もし、そうなれば最終的に人間の生命を拘束している生物学的サイクルに固有の「労苦と困難」として残るのは消費の努力だけであろう。

しかし、実をいえば、このユートピアでさえ、生命過程に本質的な、世界の観点から見た場合の空虚さを変えることはできない。生物学的生命の絶えず循環するサイクルが通過しなければならぬ、労働と消費というこの二つの局面がその比率を変えて、人間のほとんどすべての「労働力」が消費に費やされるという状態さえやってくるかもしれない。*34

つまり、オートメーション化が高度に進むと、人間は労働から解放されるとともに、多くの時間を消費に費やすようになるというのである。これでは、人間が「労働する動物」から「消費する動物」に変貌しただけで、相変わらず労働─消費という動物的な生命過程から脱却できないままである。

しかしながら、今の私たちが消費に対し過剰に時間を費やしているとするならば、それは半ば労働の疲れを癒やそうとしているからではないだろうか。労働がなくなればそのような消費は必要なくなる。

あるいは、変わらず消費を続けるにしても、労働時間が極度に少なくなれば、持て余した時間で、人々は絵を描いたり、小難しい本を読んだり、街のカフェで政治談議を交わすようになるかもしれない。今のように、一日十何時間も働いてクタクタになって家に帰ってきたら、酒でも飲みながらテレビを見て寝るだけである。

私たちが「仕事」と「活動」に勤しむには、もっと長い余暇時間が必要となる。アーレントがいう意味で、人間が人間であり続けるには、古代ギリシャの市民のように奴隷を持たなければならない。

未来の経済では、AI・ロボットを含む機械が奴隷の役割を果たしてくれる。私たちは、労働を機械に任せる一方で、「仕事」と「活動」に多くの時間を費やすことができるようになる。労働から解き放たれ初めて人間は、動物ではないところの人間として生きることができるようになる。そういう意味で、AIとBIによる革命は、アーレントが望むような世界をもたらすだろう。

人類に残される最後の論題

労働が必要なくなった未来で人々が何をして時を過ごすのかを想像するにあたっては、古代ギリシャの社会が参考になる。アテネのようなポリス（都市国家）の市民は、労働を忌み嫌い奴隷に任せて、自分たちは政治や芸術、学術（哲学や数学）、スポーツに勤しんでいた。アーレントのいうところの「仕事」と「活動」である。

未来においても価値判断を必要とする政治や芸術は、AIの支援を受けつつも最終的には人間自身によってなされるだろう。汎用ＡＩは、およそ人間と同じ働きをするものの、少なくとも今世紀中には、人間の持つあらゆる感性や感覚、欲望を備えることはできないと予想されるからだ。

科学的な研究の大部分はＡＩが人間の代わりに行うようになるが、知的好奇心を満たすための学術的な探求は、人間の娯楽的な営みとして残される。勤労道徳が滅んでも「所属欲求」まではなくならないので、未来の人々は死ぬまで大学に所属し続けるかもしれない。

他人から認められたいという「承認欲求」もまた消えることはなく、人々は労働によってではなく、スポーツなどのゲームに勝つことで承認欲求を満たすようになるだろう。ロボットの野球大会が催されるようになり、ロボットが人間を遥かに超える剛速球を投げるようになったとしても、それは人間の野球大会を代替したりしない。今日、カーレースと陸上競技が全く別種の競技であるのと同様である。

いずれにせよ、ＡＩとＢＩが普及し労働が必要なくなった社会は、古代ギリシャのような活力に満ちたものとなる可能性がある。

しかしながら、古代ギリシャに相応するものがない一つの要因を考慮に入れると全く異なった帰結が導かれる。それは、ヴァーチャルリアリティ（ＶＲ）の発達である。

ＡＩ・ロボットが無尽蔵に財を生産するこのうえなく豊饒な経済が訪れたとしても、現実世界では承認要求は完全に満たされることがない。私たちは相変わらずスポーツで負けたり、恋に破れたり、他人に罵られたりする。

それに対し、ＶＲ内は誰も傷つかない優しい世界になり得る。しかし、そのようなＶＲにみなが耽溺すれば、活力が何もない退廃した社会となる。私はＶＲに興味を持ちつつも、人間の当たり前の営みをＡＩ以上に根底から崩壊させてしまうこの技術に恐れおののいている。

ＶＲに一生ハマり続けて良いか否かは人類に残される最後の論題となるだろう。「功利主義」に基づけば、ＶＲへの耽溺も退廃した社会も、人々が幸福感を得ている限り問題とはならない。リバタリアニズムに基づけば、ＶＲにハマり続けるのも人の自由ということになるし、リベラリズムに基づけば、ＶＲ内の社会は大きな不幸が消滅したより平等な社会ということになる。

ＶＲ中毒者に欠けているのは、アーレントのいう「活動」であり、儒教のいう「徳」であり、コミュニタリアニズムのいう「共通善」である。現代の政治思想の中で、コミュニタリアニズムだけが引きこもりを批判できるように、ＶＲ中毒者を批判できる。

映画「マトリックス」はまさにこのテーマを扱っている。主人公ネオは、機械の支配から逃れ、より人間らしく生きるために、ＶＲの世界を抜け出て機械と戦った。しかし、私たちは「マトリックス」のネオになれるだろうか？

安楽なＶＲの世界ではなく、苦悩と戦いに満ちた現実世界で生きるべきなのか。不幸になってまで人間としての誇りを追求すべきなのか。太った豚よりも痩せたソクラテスを目指すべきなのか。今の私にははっきりとした答えはない。

おわりに

私は「はじめに」で、ベーシックインカム（ＢＩ）に関する良書が既に幾つか出版されていると述べた。本文で十分に紹介できなかった素晴らしい書籍に、オランダの歴史学者ルトガー・ブレグマンの『隷属なき道―ＡＩとの競争に勝つ：ベーシックインカムと１日３時間労働』がある。

この本には重要なこと以外何も書かれていない。深くうなずいたり驚いたりした箇所に赤い線を引きながら読んでいったら、どのページも赤く彩られてしまった。

「ＢＩを給付すると人々は怠惰になる」という俗説が、歴史的事例と詳細なデータに基づいて完膚無きまでに叩きのめされている。貧しい者にお金を与えるとたいていの場合、より活動的で生産的になるのである。

どうやら経済問題に関する私たちの直感の多くは事実に反しているようだ。私たちは、間違った直感に基づいた常識にとらわれているがために、解決可能なはずの問題を野放しにしているのである。

「餓えに瀕していなければ労働者は働かない」などと主張する者は18世紀のイギリスでは少なくなかったが、今ではめったにおめにかかれない。

かつて、男女平等や奴隷解放は極端な改革案だったが、今日では常識となっている。一見突飛に思えるＢＩが当たり前の制度になる日は、そう遠い未来のことではないだろう。


最後に、私が原稿の提出を大幅に遅らせてしまっても、根気強く待ち続けてくださった担当編集者の小松現さんに感謝したい。

他にも感謝の意を伝えたい人はたくさんいるが、ここでは本書を執筆するにあたり直接助言をくださった方々に留めたい。それは、松尾匡先生、高橋しんやさん、品川俊介さん、都築栄司さんである。みなさんにも感謝の気持ちを捧げたい。

２０１８年３月

井上智洋

注釈

（1）Sterne（1759）
（2）同様のことは、松尾匡『ケインズの逆襲、ハイエクの慧眼』でも述べられている。
（3）小飼段『働かざるもの、飢えるべからず。』のタイトルより。
（4）ブレグマン『隷属なき道──AIとの競争に勝つ：ベーシックインカムと1日3時間労働』
（5）Friedman（1962）
（6）小沢修司『福祉社会と社会保障改革──ベーシック・インカム構想の新地平』は、社会保障を「現金給付」と「物的給付」とに分類しているが、それらはおよそ本書での「貧困者支援」と「障害者支援」に対応している。
（7）Standing（2017）
（8）Goethe（1831）
（9）野口旭「アベノミクスが雇用改善に寄与した根拠」などによって指摘されている。
（10）この場合の貨幣というのは「マネタリーベース」である。
（11）1972年（明治5年）に国立銀行条例が制定されて以降、民間銀行が各々紙幣を発行していたが、1882年に日本銀行のみが発券銀行となった。
（12）Standing（2017）
（13）隆（1992）

(14) 日銀のホームページには、「日本銀行の利益の大部分は、銀行券（日本銀行にとっては無利子の負債）の発行と引き換えに保有する有利子の資産（国債、貸出金等）から発生する利息収入で、こうした利益は、通貨発行益と呼ばれます。」と書かれている。これは、一万円札のうちの９９８０円を貨幣発行益と見なす考えた方と一見異なっているが、両者の額は計算上同じになる。

(15) Keynes（1936）

(16) Keynes（1919）

(17) Lafargue（1883）

(18) Keynes（1931）

(19) 井原（１６８６）

(20) ここでいう立憲君主派はフイヤン派であり、共和派はジロンド派である。

(21) ただし、１７９５年以降は制限選挙となり、男子普通選挙が実際に導入されるのは１８４８年の第二共和制成立以降である。

(22) 葦津珍彦など少数ながら太平洋戦争に反対した右翼運動家がいた。

(23) 遠藤他（２０１７）

(24) この場合の義務というのは、カントやロールズが主張した普遍的な義務ではなく、コミュニティ内でしか通用しない局所的な義務である。

(25) Spinoza（1677）

(26) Crosby（1997）

(27) Geremek（1989）

(28) Geremek（1989）

(29) Geremek（1989）

（30）Geremek (1989)
（31）Arendt (1958)
（32）Arendt (1958)
（33）Arendt (1958)
（34）Arendt (1958)

［11］ Standing, Guy (2017) Basic Income.（池村千秋訳『ベーシックインカムへの道 ― 正義・自由・安全の社会インフラを実現させるには』プレジデント社）

［12］ Sterne, Laurence (1759) The Life and Opinions of Tristram Shandy, Gentleman.（朱牟田夏雄訳『トリストラム・シャンディ』岩波文庫）

［13］ 井原西鶴（1686）『新版 好色五人女』（角川ソフィア文庫）

［14］ 遠藤晶久・三村憲弘・山﨑新（2017）「維新は『リベラル』、共産は『保守』 世論調査にみる世代間断絶」『中央公論』2017年10月号

［15］ 隆慶一郎（1992）『一夢庵風流記』集英社文庫

引用文献

［1］ Arendt, Hannah (1958) Vita activa oder vom tatigen Leben.（志水速雄訳『人間の条件』筑摩書房）

［2］ Friedman, Milton (1962) Capitalism and Freedom.（熊谷尚夫・西山千明・白井孝昌訳『資本主義と自由』マグロウヒル好学社）

［3］ Crosby, Alfred (1997) The Measure of Reality.（小沢千重子訳『数量化革命』紀伊國屋書店）

［4］ Geremek, Bronislaw (1989) Litosc i szubienica（早坂真理『憐れみと縛り首 ― ヨーロッパ史のなかの貧民』平凡社）

［5］ Goethe, Johann Wolfgang (1831) Faust, der Tragodie zweyter Theil.（池内紀訳『ファウスト第二部』集英社）

［6］ Keynes, John Maynard (1919) "The Economic Consequences of the Peace".（早坂忠訳『ケインズ全集 第２巻 平和の経済的帰結』東洋経済新報社）

［7］ Keynes, John Maynard (1931) Essays in Persuasion.（山岡洋一訳『ケインズ説得論集』日本経済新聞出版社）

［8］ Keynes, John Maynard (1936) The General Theory of Employment, Interest and Money.（間宮陽介訳『雇用・利子および貨幣の一般理論〈上〉』岩波文庫）

［9］ Lafargue, Paul (1883) Le droit a la paresse.（田淵晋也訳『怠ける権利』人文書院）

［10］ Spinoza, Baruch De (1677) Ethica.（工藤喜作・斎藤博訳『エチカ』中央公論新社）

知は、現場にある。

光文社新書

井上智洋（いのうえともひろ）

駒澤大学経済学部准教授。経済学者。慶應義塾大学環境情報学部卒業。IT企業勤務を経て早稲田大学大学院経済学研究科に入学。同大学院にて博士（経済学）を取得。2017年から現職。専門はマクロ経済学、貨幣経済理論、成長理論。人工知能と経済学の関係を研究するパイオニア。著書に『新しいJavaの教科書』（ソフトバンククリエイティブ）、『人工知能と経済の未来』（文春新書）、『ヘリコプターマネー』（日本経済新聞出版社）、『「人工超知能」』（秀和システム）などがある。

AI時代《じだい》の新《しん》・ベーシックインカム論《ろん》

2018年4月30日初版1刷発行

著　者 ── 井上智洋
発行者 ── 田邉浩司
装　幀 ── アラン・チャン
印刷所 ── 堀内印刷
製本所 ── フォーネット社
発行所 ── 株式会社光文社
東京都文京区音羽1-16-6（〒112-8011）
https://www.kobunsha.com/
電　話 ── 編集部03(5395)8289　書籍販売部03(5395)8116
業務部03(5395)8125
メール ── sinsyo@kobunsha.com

　ISBN 978-4-334-04346-9

931
常勝投資家が予測する日本の未来
玉川陽介

空き家問題、人工知能によってなくなる仕事、新たな基幹産業、国策バブルの着地点――。「金融経済」「情報技術」「社会システム」の観点から「2025年の日本」の姿を描き出す。

978-4-334-04337-7

932
誤解だらけの人工知能
ディープラーニングの限界と可能性
田中潤　松本健太郎

人工知能の研究開発者が語る、第3次人工知能ブームの終焉の可能性と、ディダクション(演繹法)による第4次人工知能ブームの幕開け。人工知能の未来を正しく理解できる決定版！

978-4-334-04338-4

933
社会をつくる「物語」の力
学者と作家の創造的対話
木村草太　新城カズマ

AI、宇宙探査、核戦争の恐怖…現代で起こる事象の全ては「フィクション」が先取りし、世界を変えてきた。憲法学者とSF作家が、現実と創作の関係を軸に来るべき社会を描く。

978-4-334-04339-1

934
「女性活躍」に翻弄される人びと
奥田祥子

女の生き方は時代によって左右される――。人びとの等身大の本音を十数年に及ぶ定点観測ルポで掬い上げ、「女性活躍」推進のジレンマの本質を解き明かし、解決策を考える。

978-4-334-04340-7

935
検証　検察庁の近現代史
倉山満

国民の生活に最も密着した権力である司法権。警察を上回る権限を持つ検察とはいかなる組織なのか。注目の憲政史家が、一つの官庁の歴史を通して日本の近現代史を描く渾身の一冊。

978-4-334-04341-4

光文社新書

936
最強の栄養療法「オーソモレキュラー」入門
溝口徹

がん、うつ、アレルギー、発達障害、不妊、慢性疲労…etc. 全ての不調を根本から改善し、未来の自分を変える「食事と栄養素の力」とは。日本の第一人者が自身や患者の症例を交え解説。

978-4-334-04342-1

937
住みたいまちランキングの罠
大原瞠

便利なまち、「子育てしやすい」をアピールするまち、イメージのよいまち、ランキング上位の住みたいまちは、本当に住みやすいのか？ これまでにない、まち選びの視点を提示。

978-4-334-04343-8

938
空気の検閲
大日本帝国の表現規制
辻田真佐憲

エロ・グロ・ナンセンスから日中戦争・太平洋戦争時代まで、大日本帝国期の資料を丹念に追いながら、一言では言い尽くせない、摩訶不思議な検閲の世界に迫っていく。

978-4-334-04344-5

939
藤井聡太はＡＩに勝てるか？
松本博文

コンピュータが名人を破り、今や人間を超えた。しかし藤井はじめ天才は必ず現れ、歴史を着実に塗り替えていく。奇蹟の中学生とコンピュータの進化で揺れる棋界の最前線を追う。

978-4-334-04345-2

940
ＡＩ時代の新・ベーシックインカム論
井上智洋

未来社会は「脱労働社会」――。ベーシックインカムとは何か。財源はどうするのか。現行の貨幣制度の欠陥とは。導入最大の壁とは。ＡＩと経済学の関係を研究するパイオニアが考察。

978-4-334-04346-9

941
素人力
エンタメビジネスのトリック?!
長坂信人

「長坂信人を嫌いだと言う人に会った事がない」――秋元康氏。超個性的なメンバーを束ねる制作会社オフィスクレッシェンド代表による仕事術、経営術とは？　堤幸彦監督との対談も収録。

978-4-334-04347-6

942
東大生となった君へ
真のエリートへの道
田坂広志

東大卒の半分が失業する時代が来る。その前に何を身につけるべきか？　高学歴だけでは活躍できない。論理思考と専門知識が価値を失う「人工知能革命」の荒波を、どう越えていくか？

978-4-334-04348-3

943
グルメぎらい
柏井壽

おまかせ料理ではなくお仕着せ料理、味よりもインスタ映え、料理人と馴れ合うブロガー。今のグルメ事情はどこかおかしい――。二十五年以上食を語ってきた著者による、覚悟の書。

978-4-334-04349-0

944
働く女の腹の底
多様化する生き方・考え方
博報堂キャリジョ研

今の働く女性たちは何を考え、どう生きているのか？「キャリア（職業）を持つ女性」＝通称「キャリジョ」を徹底分析。多様化する、現代を生きる女性たちのリアルに迫る。

978-4-334-04350-6

945
日本の分断
切り離される非大卒若者《レッグス》たち
吉川徹

団塊世代の退出後、見えてくるのは新たな分断社会の姿だった――。計量社会学者が最新の社会調査データを元に描き出す近未来の日本。社会を支える現役世代の意識と分断の実態。

978-4-334-04351-3